PARA ALÉM DA ACUSATORIEDADE

Passado e presente da investigação criminal no Brasil

Thiago Pinheiro Corrêa

PARA ALÉM DA ACUSATORIEDADE

Passado e presente da investigação criminal no Brasil

2020

EDITORA *Jus*PODIVM
www.editorajuspodivm.com.br

EDITORA *Jus*PODIVM
www.editorajuspodivm.com.br

Rua Território Rio Branco, 87 – Pituba – CEP: 41830-530 – Salvador – Bahia
Tel: (71) 3045.9051
• Contato: https://www.editorajuspodivm.com.br/sac

Capa: Ana Caquetti

C824p Corrêa, Thiago Pinheiro
Para Além da Acusatoriedade: Passado e Presente da Investigação Criminal no Brasil / Thiago Pinheiro Corrêa – Salvador: Editora JusPodivm, 2020.
176 p.

Inclui bibliografia.
ISBN 978-65-5680-005-9

1. Direito Processual Penal. 2. Investigação Criminal. I. Correa, Thiago. II. Título.

CDD 341.43

A história – a verdadeira história – jamais é fuga, desvio ou diversão em relação aos dias atuais. É antes a busca de bases mais sólidas, de uma identidade essencial para além e por sobre a incidentalidade, em que a comparação, a comparação vertical entre as diversas maturidades do tempo, exerce um papel acentuado.

PAOLO GROSSI, *A ordem jurídica medieval.*

AGRADECIMENTOS

Agradeço ao Ministério Público Federal por me apresentar a uma nova, bela e surpreendente realidade. Agradeço à Escola Superior do Ministério Público da União e à Universidade Católica de Brasília pela oportunidade de pensar o Ministério Público brasileiro. Agradeço ao Prof. Dr. Nefi Cordeiro, pelo fundamental auxílio. Agradeço ao mestre Thiago Bottino, pela atenta leitura e preciosos comentários, em nome de quem também agradeço à Escola de Direito da Fundação Getulio Vargas, por me haver despertado o desejo de pensar o Brasil e nossas instituições. Aos meus pais: este livro é pouco para retribuir o tempo, paciência e amor que vocês me dedicam. À Duda, por me aceitar como sou.

NOTA À 1ª EDIÇÃO

Este livro constitui uma adaptação da dissertação de mestrado por mim apresentada à Universidade Católica de Brasília, em 29 de novembro de 2019, sob a valiosa orientação do Professor Doutor Nefi Cordeiro. Além dele, participaram da banca os Professores Doutores José Eduardo Sabo Paes e Thiago Bottino do Amaral a quem, novamente, agradeço, pelos importantes comentários, correções e sugestões.

O desejo de pesquisar o funcionamento da investigação criminal no Brasil nasceu a partir do meu ingresso na carreira do Ministério Público Federal, há pouco mais de cinco anos. Logo no primeiro dia de trabalho, tive dificuldades em compreender como, na prática, esta atividade se desenvolvia e, especialmente, como Polícia, Ministério Público e Poder Judiciário agiam e interagiam reciprocamente.

Desde então, passei a refletir sobre alguns aspectos ligados à investigação criminal no Brasil.

O primeiro destes aspectos diz respeito ao conjunto de normas que disciplinam a atividade. O Código de Processo Penal (ainda vigente) previa, em sua redação original, poucas normas que regulamentavam o inquérito policial. Em contraposição à escassez normativa do Código foram sendo aditadas, ao longo do tempo (especialmente após a Constituição de 1988), diversas outras normas, de conteúdo e hierarquia distintos, que buscavam regulamentar as atividades das três instituições mencionadas acima. São diversas as resoluções dos Conselhos Nacionais da Justiça, do Ministério Público e da Justiça Federal, enunciados e orientações das Câmaras de Coordenação e Revisão do Ministério Público Federal, atos regulamentares dos demais ramos do Ministério Público Brasileiro e das Polícias que impactam, em maior ou menor proporção, a atividade de investigação criminal.

A quantidade, variedade e, principalmente, a diferença de fontes desta miríade de normas gera importantes dificuldades interpretativas – este, o segundo aspecto que me levou ao estudo do tema.

A multiplicidade das fontes normativas faz com que o âmbito de aplicabilidade de cada uma destas normas seja distinto. As resoluções dos Conselhos Nacionais da Justiça e do Ministério Público, por exemplo, regulamentam a atividade administrativa destas instituições e possuem aplicação nacional. Os enunciados de cada um dos ramos do Ministério Público Brasileiro veiculam orientações funcionais a serem empregadas, como regra, pelos respectivos ramos. Regimentos internos, portarias e instruções normativas das Polícias, a seu turno, aplicam-se, unicamente, a cada um dos órgãos que estas normas buscam estruturar. A multiplicidade de fontes faz com que estas normas veiculem as impressões e expectativas que cada uma destas instituições carrega em relação à investigação criminal e, especialmente, em relação à participação de cada uma delas na concretização desta atividade.

A interpretação e, por que não, a compatibilização prática destas normas – muitas delas apontando direções conflitantes – depende, neste contexto, de fundações mais estáveis. Afinal de contas, qual é o conteúdo do nosso sistema acusatório que se extrai deste emaranhado de normas? A Constituição da República é capaz de nos fornecer respostas adequadas a esta indagação? Ao se buscar socorro na jurisprudência constitucional do Supremo Tribunal Federal percebem-se consensos e dissensos: consensos a respeito da classificação teórica do sistema e dissensos a respeito dos modos de agir e interagir da Polícia, Ministério Público e Poder Judiciário. O exemplo da investigação criminal, a meu ver, ilustra bem este argumento.

A identificação das razões que levam a este importante dissenso foi o terceiro aspecto que me levou ao estudo do tema. Por que, ainda hoje, passados mais de trinta anos da promulgação da CRFB/88, ainda há importantes indefinições a respeito dos espaços de atuação funcional de cada uma destas instituições?

Foi com os olhos voltados, tanto ao passado, quanto ao presente, que busquei analisar estes três temas e enfrentar o desafio de pensar o caráter dinâmico, essencialmente prático, da investigação criminal.

Mas por que combinar passado e presente?

O passado nos oferece a oportunidade de refletir sobre experiências já vividas e, no passado recente brasileiro, os espaços de atuação funcional dos agentes que concorrem para a investigação criminal já foi muito debatido. A História do Direito nos sugere que esta controvérsia não é propriamente nova. Por outro lado, ainda que haja, entre passado e presente, importantes rupturas, é curioso notar um certo grau de familiaridade entre as formas de concretização das investigações criminais dos séculos XIX e XX – ao menos em suas linhas gerais e ideologias. A meu ver, esta similitude não é acidental e decorreu, na verdade, de uma opção política explicitamente adotada quando da decretação do Código de Processo Penal, em 1941. Identificar as raízes desta familiaridade é de fundamental importância para pensá-las à luz da ordem constitucional de 1988 e, na medida do possível, enfrentar importantes confusões conceituais que se apresentam ao intérprete do presente.

Ao alcançar o presente, por outro lado, promovi uma investigação dogmático-constitucional das atribuições outorgadas, pela Constituição de 1988, à Polícia, ao Ministério Público e ao Poder Judiciário. Apontei, neste contexto, as normas e princípios que considerei relevantes para o estabelecimento de uma interpretação constitucional da investigação criminal. Seja por razões históricas, seja por razões dogmáticas, considero que o correto entendimento das atribuições funcionais do Ministério Público é de fundamental importância para o delineamento adequado da natureza dinâmica da investigação criminal do presente. Todos estes argumentos encontram-se melhor apresentados ao longo da presente obra.

Estas são, em resumo, as razões e objetivos do presente livro. Se consegui alcançá-los, trata-se de conclusão que deixo à apreciação dos leitores e leitoras. Aos historiadores, especialmente, peço escusas caso tenha, porventura, cometido algum equívoco de ordem metodológica. Enquanto jurista, tive muito trabalho em navegar pela História e pela metodologia que lhe é própria. Ficarei feliz em receber eventuais comentários ou críticas.

APRESENTAÇÃO DA OBRA

O colega Thiago Pinheiro Corrêa deu-me a honra de fazer a apresentação da presente obra, fruto da dissertação no curso de pós-graduação decorrente de parceria relevante da ESMPU com a Universidade Católica de Brasília, trazendo em seu bojo tema de extrema relevância: para onde e como deve ser conduzida a investigação criminal no Brasil?

Já com algum atraso é preciso (re)pensar as fórmulas de atuação na investigação criminal.

A partir de um caso concreto (Inquérito n. 4.781, STF), o autor propõe de forma bem clara sua pretensão na obra: "*a despeito de ser recorrente, no Brasil, a classificação teórica do modelo de Justiça Criminal enquanto "acusatório" – especialmente após a promulgação da Constituição Federal de 1988 (CRFB/88) – não há clareza a respeito dos espaços de atuação ocupados pelos atores que participam da investigação criminal no Brasil*".

De fato, e concordando com as premissas fundamentais já declinadas pelo STF, o autor reconhece que o sistema vigente é o acusatório. Obtempera assentando que esse consenso é mais aparente do que efetivo, pois ainda haveria espaços para controvérsias sérias a respeito dos espaços de atuação dos seus principais integrantes: Polícia, Ministério Público e Poder Judiciário.

Na parte inicial do trabalho, Thiago faz uma análise minuciosa dos precedentes do STF em que aborda a natureza do sistema de justiça criminal após o marco da Constituição de 1988. Reconhece – e bem – que, embora assentado que vige um "sistema acusatório", há ainda muitos espaços abertos no que se refere a uma definição e delimitação das atribuições dos agentes que possuem a capacidade investigativa e como devem e podem interagir na prática. Destaca que há decisões da Suprema Corte reconhecendo a incompatibilidade do juiz investigador com o sistema acusatório. Alerta que o Poder Judiciário sempre poderá/deverá exercer algum nível de supervisão sobre a atividade investigativa (notadamente na proteção de direitos individuais indisponíveis), porém complementa com advertência escorreita de que essa supervisão não poderá desnaturar as atribuições do titular privativo da ação penal, o Ministério Público.

Depois, na sequência, agrega uma importante parte histórica a respeito da justiça criminal brasileira, com luzes bem direcionadas para a perspectiva da organização da investigação criminal em cada uma de suas "fases". E essa parte é importante porque, como diz o autor, o "*conhecimento desta experiência é relevante, na verdade, justamente porque o jurista do presente vivencia outra realidade institucional. Realidade esta que, apesar de distinta, projeta ao pesquisador da Justiça Criminal brasileira questionamentos que podem ser melhor encarados a partir do confronto com experiências pretéritas*". Reconhece que é possível extrair da Constituição de 1988 um "regime jurídico" próprio à investigação criminal, que decorre da interpretação sistêmica das normas que outorgam *funções aos agentes que concorrem* para esta atividade. E destaca que o Ministério Público foi inserido estrategicamente na *interseção* entre as atividades de "polícia" e de "justiça". Noutras palavras, as suas e literais, "*o preenchimento do conteúdo do 'nosso sistema acusatório' passa, necessariamente, pelo correto entendimento das funções outorgadas, pela CRFB/88, ao Ministério Público*".

E, na terceira parte, aborda as principais interações entre Polícia, Ministério Público e Poder Judiciário na forma em que desenhadas as atribuições pela Constituição Federal vigente.

Embora existam dicotomias sobre o assento constitucional (ou não), o Princípio do Promotor Natural é reconhecido como imanente do sistema pelo Supremo Tribunal Federal, como forma de não admissão de um "acusador de exceção".

E é exatamente nesse capítulo que o autor destaca que, dentre todas as instituições que participam da investigação criminal, é o Ministério Público quem detém as atribuições outorgadas pela Constituição de 1988 para interagir simultaneamente com as demais aqui referidas.

Uma advertência importante: esse vínculo, sobretudo com a autoridade policial, não retira dela sua autonomia interna, hierárquica. O controle que existe é unicamente externo, não interno. Porém a "*direção mediata da investigação diz respeito, portanto, à condução técnicojurídica da apuração, o que significa a capacidade exclusiva, do Ministério Público, no decorrer da investigação, de qualificar juridicamente os fatos investigados e, a partir daí, decidir, fundamentadamente, sobre o seu aprofundamento (mediante renovação de prazo e requisição de diligências) ou encerramento (mediante oferecimento de denúncia ou promoção de arquivamento)*". Assim, prossegue, a "*necessidade de condução jurídica (ainda que mediata), pelo Ministério Público, da investigação criminal, decorre da instrumentalidade das apurações, que servirão ao exercício da ação penal em juízo*". E conclui que "*a investigação criminal é uma atividade que, servindo à formação da opinião delitiva do Estado, é desenvolvida mediante a atuação concorrente de duas instituições organicamente separadas. Polícia e Ministério público concorrem para a investigação unidas por um vínculo funcional muito particular, que lhes permite exercer, concomitantemente, diferentes tipos de controle sobre esta atividade. Controles de natureza (técnico-operacional e técnico-jurídica), intensidade e, mais importante, com objetivos distintos, porém complementares*".

A amálgama vem na sequência, quando reconhece que o controle das ações jurídicas do Ministério Público – que não se restringem à fase da investigação, por evidente - será feita pelo Poder Judiciário, como forma de proteção dos princípios constitucionais, sobretudo aqueles em que há a chamada "reserva de jurisdição".

Como bem realça Mauro Fonseca Andrade ("Sistemas processuais penais e seus princípios reitores", utilizado também por Thiago como referência teórica e, para nós, a melhor obra sobre o tema no Brasil), o sistema acusatório tem variáveis, mas há um tópico que é comum a um que se queira *efetivamente* acusatório: a separação entre juiz e acusação. Não por acaso que Luigi Ferrajoli, ao propor o seu "Sistema de Garantias", indica, dentre os 10 que o compõem, o oitavo preceito, que trata do "princípio acusatório *ou* da separação entre juiz e acusação".

De fato, é preciso (re)fundar e encontrar meios mais eficientes na atuação (e interação) das atividades de investigação e persecução penal.

O autor demonstra essa necessidade de forma muito clara, garantindo a autonomia das instituições, mas demonstrando que ao Ministério Público é sim conferida uma posição muito relevante nesse sistema.

Para nós, o objetivo traçado pelo autor está indelevelmente marcado pela proposta de necessidade de haver uma coesão maior nas atividades estatais na realização das obrigações determinantes na Constituição, notadamente de investigação e apuração eficientes da responsabilidade criminal.

Exatamente por isso pedimos autorização para destacar aqui algumas considerações que, na companhia de Frederico Valdez Pereira, referimos na obra Obrigações processuais penais positivas segundo as Cortes Europeia e Interamericana de Direitos Humanos (2019, 2 ed., p. 191 e 193): "*Na compreensão adequada da constitucionalização e da convencionalização dos princípios processuais de justiça, exige-se uma séria e dogmática postura dos intérpretes e aplicadores do direito também no âmbito da análise sobre a organização do procedimento judicial. Portanto, para que haja conformação de um modelo de processo penal justo e orientado pelos princípios e valores incidentes na equação da dinâmica processual, é necessário que as lentes estejam focadas para levar em consideração também as convenções e demais fontes supranacionais que tratam sobre direitos humanos e jurisdição penal*". É que não se pode olvidar a existência de inúmeras decisões das Cortes supranacionais (uma inclusive citada na presente obra) que, densificando como verdadeiras obrigações processuais de natureza penal, reconhecem que "*as cláusulas convencionais protetivas dos direitos fundamentais exigem dos sistemas jurídicos domésticos a condução de investigações aprofundadas, céleres e diligentes, que permitam esclarecer os fatos e punir os responsáveis ao final do processo. Os fundamentos adotados para tais decisões são, quase que invariavelmente, a cláusula geral que impõe aos Estados Partes o dever de respeito aos direitos fundamentais afirmados nas Convenções*".

São muito relevantes as considerações tecidas por Thiago, a quem mais uma vez de forma expressa agradeço pela honra de poder deixar aqui as presentes considerações.

Eventualmente poderá haver alguém que discorde de suas conclusões e proposições. A ausência de pensamento único é da natureza e essência das ciências jurídicas, que é aperfeiçoada exatamente por debates desse jaez.

Para além de séria e científica, a obra é muito esclarecedora. E a proposta, realmente uma ideia que poderá trazer muitos frutos na eficiência da investigação penal.

Porto Alegre, março de 2020, no aguardo da tradicional estação das folhas.

Douglas Fischer,

Mestre em Instituições de Direito e do Estado pela PUCRS.

Procurador Regional da República na 4ª Região.

PREFÁCIO

A delimitação das funções persecutórias sempre preocupou a doutrina processual penal. A opção política, mais do que técnica, tem levado os sistemas processuais na história a separar e limitar, ou a unir e ampliar a força invasiva da eficiência criminal.

O poder de determinar culpado de crimes é alto demais para ser relegado pelos detentores dos poderes de um estado – instituídos ou de fato. E caminha a humanidade exigindo mudanças às opções político-técnicas assumidas: por vezes exigindo maior eficiência persecutória, por vezes rebelando-se às excessivas invasões individuais. É a insatisfação social o motor do pêndulo eterno das mudanças nas punições por crimes.

Assumindo um enfoque técnico, Thiago Pinheiro Corrêa propõe-se a examinar os clássicos modelos de processo penal acusatório e inquisitório como fonte de identificação e compreensão da investigação criminal. Não apenas relata os modelos processuais penais, como os critica e os revisa. Não apenas relata leis e julgados atuais indicadores dos limites funcionais dos agentes da persecução, notadamente da investigação, como também faz a ponderação do que efetivamente compreendem ou confusamente repetem...

É interessante o tema que Thiago Pinheiro Corrêa desenvolveu durante profícuo mestrado acadêmico – reuniu doutrina jurídica, histórico-sociológica e tudo aliou a sua experiência profissional como integrante do Ministério Público Federal.

Em época de grande volume de feitos, um Procurador da República dispor-se a estudar fora dos processos, pelo prisma acadêmico, é motivo de especiais elogios. Nessa época, desenvolver pesquisa relevante para a crítica e desenvolvimento das delimitações funcionais do processo, especialmente na investigação, é motivo dos mais vigorosos aplausos.

Consegue Thiago Pinheiro Corrêa bem tratar dos modelos processuais, assim como relatar nossa caminhada histórica da investigação e do processo criminal no Brasil. Finda por encaminhar propostas de alcance e atribuições do Ministério Público frente à fase investigatória.

É de todo interessante a abordagem histórico-jurídica, por melhor permitir compreender as razões de tantas confusões hoje reinantes nas delimitações das funções investigatórias e probatórias. É um continuar, que conclui o Procurador da República Thiago Corrêa com o exame dessa evolução ante o agir ministerial investigatório, assim trazendo direto interesse a toda comunidade jurídica, e especialmente ao órgão onde atua, que precisa do pensar crítico na definição de suas atividades.

Não encontrou o mundo ainda modelo ideal de processo persecutório. Não se tem como garantir plenamente ao cidadão invasões opressivas e violência estatal, mas tampouco se conseguiu modo de condenar eficientemente os culpados – e apenas a estes. É um prosseguir que exige atenção aos interesses sociais duradouros, que se altera diante da modernização dos meios criminosos e de suas provas... É um prosseguir que, no processo penal, não permite desconhecimento, covardia ou populismo.

A investigação criminal não é local de verificação da culpa, todavia acaba por ser o principal – normalmente único – foro de localização dos elementos probatórios. A posterior apresentação formal das provas, em um devido processo contraditório, em nada diminui a importância ou força da fase investigatória.

Há confusão em atuações de juízes na investigação, na definição de critérios para seleção dos casos em que investigará o Ministério Público, na falta de maior integração da polícia ao processo. Há dúvidas e sobreposições de funções.

Assim, o presente trabalho de Thiago Pinheiro Corrêa constitui valioso exame integrador de nossa história investigatória aos modelos processuais e aos fins constitucionais das instituições a ela relacionados – especialmente sua instituição, o Ministério Público.

É obra de consulta certa a quem pretende perceber como caminhamos nas tortuosas estradas de uma bem-intencionada, porém ineficiente e invasiva, investigação criminal inquisitória, parcial, desigual, morosa e sem recursos.

É um repensar de melhoria, espera-se, de esperança.

Néfi Cordeiro

Professor de graduação e pós-graduação em Processo Penal

Ministro do Superior Tribunal de Justiça

Presidente da 3ª Seção – Matéria Criminal

SUMÁRIO

INTRODUÇÃO 25

1. UM MODELO "ACUSATÓRIO" 39

1.1. Os espaços de atuação dos agentes da justiça criminal Brasileira: o caso da investigação criminal 46

1.2. "Acusatoriedade": o preenchimento do seu conteúdo a partir de um tipo ideal 52

1.3. A insuficiência dos tipos ideais para a construção da "nossa versão de processo acusatório" 56

1.3.1. Os "núcleos centrais" dos conceitos 56

1.3.2. A multiplicidade de fenômenos processuais 58

1.4. Uma abordagem alternativa 65

2. UMA BREVE HISTÓRIA DA INVESTIGAÇÃO CRIMINAL NO BRASIL 69

2.1. Nota metodológica 69

2.2. A "década liberal" brasileira (1827-1837) e o impulso por reformas judiciárias 70

2.3. O CPP/1832 e a descentralização da persecução penal: o papel dos juízes de paz 72

2.4. O regresso conservador: centralização política e a lei de 3 de Dezembro 75

2.5. A lei 2.033 de 1871: a defeituosa separação funcional entre polícia e justiça 79
2.6. A interseção entre as atividades policial e judicial 89

3. MINISTÉRIO PÚBLICO, JUSTIÇA CRIMINAL E INVESTIGAÇÃO CRIMINAL 95

3.1. O ministério público no Brasil: breve histórico legislativo 98
3.2. O ministério público na CRFB/1988 100
3.2.1. O princípio do promotor natural 103
3.3. O ministério público e suas interações dinâmicas com as atividades policial e judicial 110
3.3.1. Inquérito policial: breve introdução teórica 111
3.3.2. A titularidade exclusiva da ação penal pública 115
3.3.3. O controle da atividade policial 124
3.3.4. Controle externo enquanto direção mediata: justificativa teórica e conteúdo 128
3.3.5. A "titularidade" da investigação criminal 142
3.3.6. "O controle do controle": Poder Judiciário e investigação criminal 147

CONCLUSÃO 155

REFERÊNCIAS 163

INTRODUÇÃO

No dia 14 de março de 2019, a Presidência do Supremo Tribunal Federal (STF) anunciou a edição da Portaria GP n. 69/2019[1], por meio da qual instaurou inquérito destinado à "apuração de fatos e infrações" relacionados a possíveis crimes contra a honra de Ministros do Supremo Tribunal Federal. Esta portaria deu origem ao Inquérito 4781,[2] cuja primeira

1. A instauração do inquérito foi justificada com base no art. 43 do Regimento Interno do STF (BRASIL, 2019a), que prevê o seguinte: "Art. 43. Ocorrendo infração à lei penal na sede ou dependência do Tribunal, o Presidente instaurará inquérito, se envolver autoridade ou pessoa sujeita à sua jurisdição, ou delegará esta atribuição a outro Ministro. § 1º Nos demais casos, o Presidente poderá proceder na forma deste artigo ou requisitar a instauração de inquérito à autoridade competente. § 2º O Ministro incumbido do inquérito designará escrivão dentre os servidores do Tribunal."
2. Diante do caráter sigiloso do inquérito, não se tem acesso aos seus dados, tampouco a informações sobre os fatos específicos em apuração ou às pessoas investigadas (<http://portal.stf.jus.br/processos/detalhe.asp?incidente=5651823>). A instauração do inquérito, no entanto, é amplamente divulgada pelo próprio STF em notícias veiculadas em seu sítio eletrônico, oportunidades nas quais alguns dos despachos do Ministro relator são disponibilizados publicamente. Em pesquisa na rede mundial de computadores, identifiquei as seguintes notícias oficiais: <http://www.stf.jus.br/portal/cms/verNoticiaDetalhe.asp?idConteudo=406357>,<http://www.stf.jus.br/portal/cms/verNoticiaDetalhe.asp?idConteudo=409491>,<http://portal.stf.jus.br/noticias/verNoticiaDeta-

providência de caráter administrativo foi a designação de dois delegados de polícia para atuarem sob a instrução direta do Ministro relator.[3]

No dia seguinte ao anúncio, a Procuradoria-Geral da República (PGR) encaminhou ofício à Corte solicitando fossem-lhe informados "concretamente os fatos que são objeto do inquérito e os fundamentos da competência" do STF, de modo que o Ministério Público pudesse deliberar "tratar-se de caso de arquivamento" ou, em sentido inverso, de utilização dos "dados da investigação para promover a ação penal pública".[4] A PGR justificou o seu pedido ao afirmar que "O Poder Judiciário, fora de hipóteses muito específicas definidas em lei complementar, não conduz investigações". Aduziu, ainda, que o Poder Judiciário "no âmbito do vigente sistema constitucional acusatório, atua como juiz de garantias" e que, durante a investigação criminal, "tem competência exclusiva de deliberar sobre pedidos de autorização de diligências feitos pelo Ministério Público que afetem matéria sob reserva de jurisdição". A PGR concluiu, por fim, que "a função de investigar não se insere na competência constitucional do Supremo

---

lhe.asp?idConteudo=408958>. A possível redação da Portaria GP 69/2019 foi divulgada por veículos de comunicação, de forma extraoficial: <https://www.conjur.com.br/2019-mar-14/toffoli-abre-inquerito-apurar-ameacas-ministros-tribunal>. O acesso a todas as notícias aqui mencionadas ocorreu em 14/08/2019, às 18h17, horário de Brasília.

3. <http://www.stf.jus.br/portal/cms/verNoticiaDetalhe.asp?idConteudo=406357&caixaBusca=N>. Acesso em 15/08/2019, às 16h32min, horário de Brasília.

4. http://www.mpf.mp.br/pgr/noticias-pgr/em-respeito-a-dignidade-da-justica-pgr-pede-que-stf-esclareca-portaria-que-instaurou-inquerito-para-apurar-suspeita-de-crimes-contra-membros-da-corte. Acesso em 15/08/2019, às 10h47min, horário de Brasília.

Tribunal Federal (artigo 102), tampouco do Poder Judiciário, exceto nas poucas situações autorizadas em lei complementar, em razão de a Constituição ter adotado o sistema penal acusatório". Segundo a PGR, um sistema de natureza acusatória "separa nitidamente as funções de julgar, acusar e defender".

No dia 15 de abril de 2019, ao alegar que as informações anteriormente solicitadas ainda não lhe haviam sido apresentadas, a PGR promoveu o arquivamento do inquérito.[5] O principal argumento utilizado fundou-se, novamente, na alegada violação ao "sistema penal acusatório estabelecido pela Constituição de 1988", de modo que "os atos judiciais instrutórios de investigação e determinantes de diligência investigativas" lhe seriam contrários. A respeito do "sistema penal acusatório", a PGR afirmou que sua consagração, no Brasil, teria ocorrido "há apenas trinta anos", o que, segundo ela, seria uma "conquista histórica" que "fortalece a justiça penal". A PGR defendeu, novamente, que o sistema penal acusatório "estabelece a intransponível separação de funções na persecução penal: um órgão acusa, outro defende e outro julga", o que contribuiria para a "isenção e imparcialidade do Poder Judiciário".

Ao prosseguir em sua argumentação, a PGR destacou aqueles que – segundo o seu entendimento – são os papeis do Ministério Público e do Poder Judiciário, no decorrer da investigação criminal. Neste sentido, afirmou que o "juiz investigador existia no sistema penal inquisitorial abolido pela Constituição

5. <http://www.mpf.mp.br/pgr/noticias-pgr/raquel-dodge-arquiva-inquerito-aberto-de-oficio-pelo-supremo-tribunal-federal> Acesso em 15/08/2019, às 10h46min, horário de Brasília.

de 1988, que o substituiu pelo sistema penal acusatório". Além disso, defendeu que este sistema "não autoriza que a condução da investigação seja feita pelo Judiciário, notadamente quando exclui o titular da ação penal, ou quando impõe sigilo a ele na condução da investigação". Outro argumento utilizado pela PGR disse respeito aos possíveis prejuízos causados à atividade de controle externo da atividade policial, o que decorreria da alegada ausência de "delimitação da investigação penal". [6]

Na promoção de arquivamento do inquérito, a PGR afirmou que a condução da investigação, nos termos em que realizada, violaria "as regras constitucionais de delimitação de poderes", bem como as "funções do Ministério Público no processo penal". Diante disso, concluiu: "nenhum elemento de convicção ou prova de natureza cautelar produzida será considerada pelo titular da ação penal ao formar a sua *opinio delicti*".

Ao analisar os argumentos invocados pela PGR, o Ministro relator da investigação reconheceu que "O sistema acusatório de 1988 concedeu ao Ministério Público a privatividade da ação penal pública, porém não a estendeu às investigações penais", de modo que a "presidência dos inquéritos policiais" permaneceria como atribuição de "delegados de Polícia Judiciária e, excepcionalmente, no próprio Supremo Tribunal Federal, por instauração e determinação de sua Presidência, nos termos do 43 do Regimento Interno". Nesta linha, afirmou

6. Em sua manifestação, a PGR argumentou que a instauração do inquérito também violaria o princípio do juiz natural e não especificaria o efetivo objeto da investigação. Suscitou, ainda, questões de competência. Considerando o objetivo deste trabalho – a seguir expostos – tais argumentos não serão analisados com profundidade.

ser "inconfundível, portanto, a titularidade da ação penal com os mecanismos investigatórios", porque, ainda segundo ele, o "hibridismo do nosso sistema persecutório permanece no nosso ordenamento jurídico". Segundo ele, este "hibridismo" seria caracterizado pela possibilidade "da Polícia Judiciária – com autorização judicial, quando presente a cláusula de reserva de jurisdição – se utilizar de todos os meios de obtenção de provas necessários para a comprovação de materialidade e autoria de delitos". Fundado nestes argumentos, o Ministro relator "indeferiu" o arquivamento promovido pelo Ministério Público.

Já em 25/10/2019, a PGR apresentou, ao STF, o seu novo entendimento a respeito do inquérito 4781. Ao defender a continuidade da investigação, afirmou ser necessário, no entanto, que o Ministério Público fosse, a ela, integrada. A notícia oficial,[7] veiculada pela própria PGR, informa o seguinte:

> Nos três documentos, Aras[8] defende a conversão dos pedidos em realização de novas diligências para a complementação de informações a fim de, uma vez delimitado o objeto e os investigados do inquérito – que tramita em sigilo –, possibilitar ao MPF tomar as medidas cabíveis: pedido de arquivamento, solicitação de diligências complementares, ou ainda encaminhamento ao órgão local do Ministério Público para providências devidas ou oferecimento de denúncia. 'A participação do Ministério Público faz-se necessária não só porque é destinatário precípuo dos elementos informativos

7. <www.mpf.mp.br/pgr/noticias-pgr/augusto-aras-defende-atuacao-do-ministerio-publico-federal-em-inquerito-das-fake-news>. Acesso em: 31 de outubro de 2019, às 14h28min, horário de Brasília.

8. O procurador-geral da República Augusto Aras assumiu a chefia do Ministério Público da União em setembro de 2019, sucedendo à então procuradora-geral Raquel Dodge.

> colhidos em qualquer tipo de investigação criminal, como também porque, como o custus iuris, deve assegurar o respeito aos direitos fundamentais dos investigados, principalmente diante de medidas restritivas de direitos', diz um trecho do parecer.
>
> 'Cabe ao Ministério Público o acompanhamento de diligências que impliquem restrições de direitos bem como o controle externo da atividade policial, cujo exercício efetivo depende do acompanhamento dos atos investigatórios realizados pela polícia e, mais ainda, a defesa da ordem jurídica no controle internos dos atos investigativos realizados, mormente de natureza gravosa, a direitos e garantias individuais', defende o PGR. Augusto Aras ressalta nos pareceres que não é possível que 'as investigações preliminares transitem entre a autoridade judiciária responsável pela condução das investigações preliminares e o organismo policial designado para prestar auxílio na condução da investigação (Polícia Federal), sem a indispensável supervisão ministerial, porquanto titular da persecutio criminis".

O sítio eletrônico da PGR noticiou, no dia 28/10/2019, que, "atendendo a pedido da PGR, o Supremo Tribunal Federal libera acesso a informações do inquérito que apura fake news".[9] Até a conclusão desta obra, não houve novas decisões, nos autos do inquérito 4781, noticiadas pela imprensa.

O caso acima descrito é relevante, em termos institucionais, tanto pela convergência que une PGR e STF, quanto pela divergência que os divide. A divergência, como visto, é muito

---

9. <www.mpf.mp.br/pgr/noticias-pgr/atendendo-a-pedido-do-pgr-supremo-tribunal-federal-libera-acesso-a-infomacoes-do-inquerito-que-apura-fake-news>. Acesso em 31 de outubro de 2019, às 14h42min, horário de Brasília.

clara: num primeiro momento, para o órgão de cúpula do Ministério Público brasileiro, ao Poder Judiciário, nos termos de sua conformação pós-88, seria vedada a promoção direta de investigações criminais, especialmente sem a participação ativa do titular da ação penal. Ainda que esta posição tenha sido parcialmente revista, num segundo momento, a PGR manteve o seu entendimento a respeito da absoluta necessidade de integração do Ministério Público às investigações. Para o órgão de cúpula do Poder Judiciário, no entanto (pelo menos na visão de sua presidência e do Ministro relator), a Corte poderia, sim, instaurar e conduzir investigações criminais por conta própria, mesmo aquelas expressamente arquivadas pelo titular da ação penal pública. A convergência, por outro lado, diz respeito ao pressuposto teórico utilizado, por ambos, para justificarem as suas visões: apesar das conclusões divergentes, tanto PGR, quanto STF, reconhecem a natureza "acusatória" do sistema de Justiça Criminal brasileiro.

Na visão da PGR, a "acusatoriedade" do sistema, extraída da norma prevista no art. 129, I da Constituição da República Federativa do Brasil de 1988 (CRFB/88), impediria, a um só tempo: (i) o andamento de investigações criminais sem a participação do Ministério Público; e (ii) a condução de investigações criminais diretamente pelo Poder Judiciário. Em resposta ao arquivamento do Inquérito 4781, o STF afirmou o contrário. Sem questionar a "acusatoriedade" do sistema ou a titularidade privativa da ação penal pública, pelo Ministério Público, o Ministro relator ressaltou que isso não significaria, necessariamente, titularidade da investigação e que, sob a ordem constitucional de 1988, Polícia e Poder Judiciário, representado pelo STF (não está claro se este entendimento se aplicaria às demais instâncias judiciárias), possuiriam legitimidade autônoma para a condução de investigações criminais, em um modelo classificado de "híbrido".

O objetivo do presente trabalho não é o de verificar se os fundamentos adotados para a instauração do Inquérito 4781 foram corretos, ou não, tampouco de analisar a viabilidade ou inviabilidade da investigação.[10] Não pretendo criticar ou defender, nem o entendimento da PGR, tampouco o do STF. O que busco, em um plano abstrato, é investigar o sentido e o alcance da convergência e da divergência já apontadas, que podem ser condensadas na seguinte afirmação, que servirá de pressuposto à presente análise: a despeito de ser recorrente, no Brasil, a classificação teórica do modelo de Justiça Criminal enquanto "acusatório" – especialmente após a promulgação da Constituição Federal de 1988 (CRFB/88) – não há clareza a respeito dos espaços de atuação ocupados pelos atores que participam da investigação criminal no Brasil.

Para além do caso concreto, relacionado ao Inquérito 4781, a jurisprudência do STF, de forma geral, encampa a classificação do modelo de Justiça Criminal decorrente da CRFB/88, enquanto acusatório. E, assim como o faz a PGR, também recorre ao art. 129, I da Constituição ao buscar o seu fundamento normativo. Estas conclusões podem ser extraídas de

10. A legalidade do inquérito 4781 foi questionada por meio de Ação de Descumprimento de Preceito Fundamental (ADPF) 572, ajuizada pelo Partido Rede Sustentabilidade. Outra entidade civil a questionar a legalidade da investigação foi a Associação Nacional dos Procuradores da República (ANPR), por meio da impetração do mandado de segurança 36.422/DF e do *habeas corpus* 170.285/DF, ambos perante o próprio STF. Até a conclusão deste trabalho, ainda não havia sido tomada nenhuma decisão de mérito a respeito destes processos no âmbito do tribunal pleno.

várias decisões colegiadas da Corte – boa parte delas proferidas em controle abstrato de constitucionalidade – de modo que não seria incorreto afirmar-se a existência de um consenso, na jurisprudência do STF, a respeito da classificação teórica do sistema de Justiça Criminal brasileiro enquanto "acusatório" (DE VASCONCELLOS, 2015), ou "não inquisitivo", expressões estas que integram uma importante dicotomia no âmbito do processo penal[11] e que são empregadas, de modo amplo, com um propósito classificatório: distinguir sistemas processuais[12-13] inspirados em tradições jurídicas distintas (DELMAS-MARTY e SPENCER, 2002, p. 5). Em termos legislativos, a estrutura acusatória do processo penal brasileiro foi recentemente afirmada a partir da edição da Lei 13.964/2020 (BRASIL, 2020), cujo

11. Ao destacar a importância dos conceitos, LANGER (2014, p. 2) afirma, ainda, que eles passaram a ser utilizadas nas discussões que, segundo ele, relacionam-se a um "transnational field of thinking, study and policy-making". Nesta mesma linha, SKLANSKI (2016, p. 499-500) afirma: "It is hard to think of a distinction more fundamental in criminal procedure, more venerable, or more frequently invoked, than the divide between adversarial and inquisitorial forms of justice. American lawyers, in particular, tend to treat their system's commitment to adversarial justice – and its rejection of the inquisitorial system – as its central defining feature; certainly the lawyers who sit on the Supreme Court of the United States often think this way. Europeans sometimes identify their systems as inquisitorial; more often they see them as combining elements of both the adversarial and inquisitorial traditions. Either way, though, European discussions of criminal procedure also tend to be shaped by the distinction between adversarial and inquisitorial institutions, although not always so strongly as in the United States."
12. Sobre o conceito de "sistemas processuais", ver: ANDRADE (2013).
13. No Brasil, BORGES destaca a centralidade das figuras ao enfatizar que (2013,p. 2): "[...] quando se tem por objetivo descrever e teorizar sobre as práticas que tornam possível a concretização do Direito Penal, o ponto de partida tem sido invariavelmente o mesmo, o processo penal e as suas características determinadas pela sua concepção na ambiência de um sistema inquisitório, acusatório, ou ainda, misto."

artigo 3º promoveu sensíveis alterações no Código de Processo Penal. Dentre estas alterações encontra-se a previsão explícita de que "o processo penal terá estrutura acusatória, vedadas a iniciativa do juiz na fase de investigação e a substituição da atuação probatória de órgão de acusação".[14] Ainda que esta norma esteja, até o momento, com sua eficácia suspensa[15], verifica-se que a tendência, também na legislação, é de se afirmar a natureza acusatória da Justiça Criminal brasileira.

Um exame mais detalhado da jurisprudência constitucional do STF indica, no entanto, que este consenso é mais aparente do que efetivo. Ele esconde, na verdade, uma intensa controvérsia – ilustrada, com perfeição, pelo desenrolar do Inquérito 4781 – a respeito dos espaços de atuação ocupados pelos agentes da justiça criminal brasileira durante a atividade investigativa. Afinal de contas, tal qual desenhado pela CRFB/88, o Sistema de Justiça criminal "acusatório" brasileiro é compatível com a supervisão judicial sobre a investigação? Em caso positivo, em quais hipóteses e com que nível de intensidade? Quais são as interações recíprocas havidas entre Polícia, Ministério Público e Poder Judiciário durante a execução desta atividade?

---

14. A Lei 13.964/20 promoveu, ainda, outras importantes alterações na estrutura do processo penal brasileiro, dentre elas o chamado "juiz de instrução" e a alteração na sistemática de arquivamento do inquérito policial, procedimento que, nos termos da nova legislação, não conta mais com a homologação judicial. Estas duas importantes alterações serão mencionadas, ainda neste livro, em momento oportuno. Registre-se, no entanto, que o STF, nos autos da medida cautelar da ação direta de inconstitucionalidade n. 6298/DF suspendeu a eficácia destas normas. Dada a extensão das alterações promovidas pela nova legislação, no entanto, considero importante mencioná-las. Até a finalização desta obra, o mérito ainda não havia sido julgado pelo plenário da Corte.
15. Vide a medida cautelar na ADI 6298/DF.

Respostas para estas perguntas são obtidas apenas de forma parcial, caso se opte por mirar, unicamente, a classificação teórica do modelo brasileiro pós-88. Isso porque a metodologia para o preenchimento do conteúdo dos conceitos que integram a dicotomia, segundo ANDRADE (2013, p. 32) "se mostra claramente insuficiente para produzir resultados seguros e uniformes". Isso porque, segundo ele (2013, p. 49), esta metodologia, é centrada na construção de "tipos ideais", instrumentos teóricos extraídos das ciências sociais que, apesar de constituírem um método cientificamente válido para a produção de conhecimento, possuem limitações que, especialmente no âmbito do processo penal comparado, não podem ser desprezadas. A principal delas relaciona-se, justamente, com a dificuldade de se estipular critérios estáveis para a delimitação exata dos conceitos de "acusatório" e "inquisitivo". Assim, ainda que o "núcleo central" de cada um destes tipos ideais possa ser razoavelmente delimitado a partir de, principalmente, elementos históricos, para além destes "núcleos centrais", há incerteza metodológica. Esta incerteza, alimentada pelo dinamismo de sistemas processuais concretos existentes nas mais variadas jurisdições, torna desafiadora a concretização desta empreitada, denominada por DAMASKA como uma "tarefa de Sísifo" (1986, p. 6).

O fato de expressão "acusatório" significar uma multiplicidade de conceitos parece ter sido identificado pelo Ministro Sepúlveda Pertence que, ao afirmar a incompatibilidade, à luz da CRFB/88, de instituto processual assemelhado ao juizado de instrução francês, ressalvou que a impossibilidade de o juiz brasileiro realizar, por si só, diligências investigativas, não significaria a sua total inércia ao longo do processo. Segundo o Ministro (BRASIL, 1997):

> Não estamos perante um juiz absolutamente neutro, pelo menos, na *nossa versão de processo acusatório*, que não é a do puro processo acusatório anglo-saxão, em que se tem, idealmente, o juiz totalmente passivo, de forma que não se afasta a constitucionalidade de iniciativas do juiz de aprofundamento ou complementação da prova no curso do processo, como foram os exemplos aqui citados da inspeção pessoal de pessoas ou coisas.

Diante disso, como proceder para a obtenção de um correto delineamento dos espaços de atuação dos agentes da Justiça Criminal brasileira? Como analisar o modelo processual pós-88 a partir de uma perspectiva dinâmica, voltada a seus aspectos organizacionais? É o que pretendo responder com este trabalho.

No primeiro capítulo, situarei o problema aqui introduzido. Para isso, analisarei a jurisprudência do STF por meio da qual a Corte analisou, em abstrato, a natureza do sistema de justiça criminal pós-88. Para tanto, apresentarei os *leading cases* em que a compatibilidade, com a CRFB/88, de atos normativos (legais e infralegais) regulamentadores da investigação criminal foi analisada. Estes casos indicam que, por detrás do aparente consenso a respeito da classificação teórica do modelo brasileiro, esconde-se uma intensa controvérsia a respeito dos espaços de atuação dos seus principais integrantes: Polícia, Ministério Público e Poder Judiciário. Apresentarei, a seguir, os motivos que tornam insuficiente o emprego de tipos ideais de "acusatório" e "inquisitivo", com vistas à obtenção de alternativas para enfrentamento destas controvérsias.

O segundo capítulo será dedicado à história da Justiça Criminal brasileira, com o foco direcionado à perspectiva organizacional da investigação criminal. Como "textos juridicamente relevantes" (COSTA, 2010, p. 57) utilizarei, principalmente, os debates parlamentares travados ao longo do século XIX, os quais indicam que, já neste período, a dinâmica organizacional da Justiça Criminal brasileira e, mais especificamente, da investigação criminal, era objeto de graves preocupações no país. Este debate disse respeito, especialmente, às formas como se deveriam relacionar, funcionalmente, "polícia e justiça" e, com o recurso às fontes históricas, pretendo situar os termos em que ele foi travado e como os argumentos a ele vinculados foram, ou não, projetados, dogmaticamente, nas reformas judiciárias de 1832, 1841 e 1871. Adianto que poucas menções serão encontradas em relação ao Ministério Público e às formas como ele deveria interagir com "polícia" e "justiça". Este fato não deixa de surpreender considerando a quase completa ausência de institucionalidade do *Ministério Público* no decorrer do século XIX. É neste período, com efeito, que são registradas as primeiras propostas legislativas para a criação de uma *instituição* Ministério Público, responsável por exercer atribuições mais amplas do que a figura do *promotor público*, já previsto na legislação da época. É por este motivo que, no século XIX, pelo menos, os debates relacionados à organização dinâmica da Justiça e da investigação criminal, eram centrados, quase que com exclusividade, nas interações funcionais havidas entre "polícia" e "justiça" – conceitos esses, eles próprios, fluidos.

O terceiro capítulo abordará a investigação criminal do presente. Neste segmento, apresentarei a forma como o sistema de justiça criminal encontra-se, atualmente, desenhado pela

CRFB/88 e, com o foco direcionado à análise dogmática das atribuições constitucionais do Ministério Público, demonstrarei como este desenho impacta na estruturação da investigação criminal: a organização dinâmica desta atividade, já no século XXI – as formas como agem, e interagem, as instituições que para ela concorrem – é absolutamente distinta daquela existente no século XIX. Ao longo deste capítulo indicarei as principais interações havidas entre Polícia, Ministério Público e Poder Judiciário, no decorrer da investigação criminal, e apresentarei parâmetros que sirvam ao delineamento dos espaços de atuação destas importantes instituições.

Antes de iniciar o trabalho, todavia, faço um breve alerta: o capítulo que trata da historiografia da investigação criminal precede o da análise dogmática da CRFB/88 e da legislação infraconstitucional. Trata-se de uma coincidência que precisa ser logo esclarecida: com este trabalho, não pretendo descrever uma suposta "grande narrativa" (COSTA, p. 20) da investigação criminal no Brasil, tampouco sugerir que a CRFB/88 represente uma etapa necessária em um imaginado processo de "amadurecimento" desta atividade. O recurso às fontes históricas tem o único objetivo de sugerir que o passado pode nos servir a mirar, de forma crítica, os desafios que, no presente, cercam o tema. Pode nos servir, neste sentido, a "alargar o leque das possibilidades e em imaginar alternativas" (COSTA, p. 78) às quais estamos acostumados a lidar.

1. UM MODELO "ACUSATÓRIO"

Em 30/04/1997, o STF julgou o pedido cautelar na Ação Direta de Inconstitucionalidade (ADI) n. 1517 (BRASIL, 1997)). Por meio dela, a autora da ação – a Associação dos Delegados de Polícia do Brasil (ADEPOL) – alegava a incompatibilidade da norma prevista no art. 3º da Lei 9.034/95[1] em relação àquelas previstas nos artigos 5º, LIV, LVI e LX e 144, parágrafo 1º, IV e parágrafo 4º, ambos da CRFB/88.

A redação original do art. 3º da Lei 9.034/95 previa mecanismos especiais de investigação para crimes cometidos por organizações criminosas. Nestes casos, as diligências destinadas ao "acesso a dados, documentos e informações fiscais, bancárias, financeiras e eleitorais", deveriam ser realizadas "pessoalmente pelo juiz", caso houvesse a "possibilidade de violação de sigilo preservado pela Constituição ou por lei". No cumprimento destas medidas, o juiz deveria, "pessoalmente", lavrar auto circunstanciado da diligência realizada e anexar, a este, "cópias autênticas dos documentos que tiverem relevância probatória" (BRASIL, 1997).

1. A Lei 9.034/95 foi revogada pela Lei 12.850/13.

Na petição inicial da ADI, a autora sustentou que a nova legislação seria responsável por uma "radical mudança da posição constitucional do juiz brasileiro", o que – ainda segundo ela – significaria "caminhar na contramão da História". Ao lançar mão do estudo comparado do processo penal, a ADEPOL afirmou que:

> A tendência moderna não é transformar o juiz em protagonista principal da colheita de provas. Exatamente o oposto vem ocorrendo. O juizado da instrução napoleônica está em descrédito e em decadência [...]

Nas informações prestadas pela Presidência da República, a ideia de que as disposições da Lei 9.034/95 criariam um "juizado de instrução" foram rechaçadas. A chefia do Executivo federal destacou que a maior "proatividade" do juiz brasileiro seria tradição em nosso sistema processual - civil e criminal. Neste sentido:

> A excepcionalidade da previsão, que visa atender, com mais eficácia, à garantia constitucional da privacidade (art. 5o, X da Carta Magna), não institui juiz inquisidor ou o juizado de instrução, desmerecendo as críticas apresentadas. A participação do juiz na coleta da prova já existe no Direito Processual Brasileiro e não se tem apontado a inconstitucionalidade das disposições pertinentes (vejam-se os artigos 440 a 443 do CPC, referentes à inspeção judicial).

A Presidência do Congresso Nacional, ao também prestar informações, igualmente afirmou a constitucionalidade da norma. Em sua manifestação, o Legislativo federal confrontou o argumento da ADEPOL no sentido de que a norma questionada acarretaria eventual usurpação, pelo Poder Judiciário, de atribuições exclusivamente policiais. Ao relatar as informações prestadas pelo Poder Legislativo, o Ministro Maurício Corrêa destacou:

> No mérito, transcrevendo escólios de HELIO TORNAGHI (...), PAULO LÚCIO NOGUEIRA (...) e de E. MAGALHÃES NORONHA (...) sustentam que a 'Constituição Federal, em seu art. 144, não vedou o deferimento por lei de funções de polícia judiciária e de realização de investigações criminais, em caráter excepcional, a outros entes do Poder Público (sejam agentes administrativos, ou ainda, magistrados).

Ao enfrentar o mérito da questão, o Ministro relator reconheceu que as disposições legais questionadas promoveriam, de fato, um rearranjo institucional importante no sistema de justiça criminal brasileiro mas, segundo ele, não haveria usurpação de atribuições detidas pela polícia. A iniciativa investigativa poderia, sim, ser conferida ao Poder Judiciário – prosseguiu o relator – como instrumento para a descoberta da "verdade material".

O relator buscou, ainda, afastar a figura criada pela Lei 9.304/05, à do juiz de instrução. Ao fazê-lo, afirmou que a realização, pelo Poder Judiciário, de "mera diligência" investigativa não transformaria o sistema processual brasileiro em um modelo "inquisitorial". A nova previsão, nesse contexto, seria aplicada, unicamente, em "situações excepcionais". Segundo ele:

> Querer elevar à condição de processo inquisitorial ou à inovação do juiz de instrução, mera diligência a ser efetuada pelo Juiz, na apuração do deplorável crime organizado, a meu ver é ir longe demais. É extremismo que não se compatibiliza com a realidade das normas impugnadas que apenas traçam comportamento especial para o magistrado em situação excepcional, ou seja, lhe dá o remédio adequado para, sem delongas, permitir-lhe ação imediata no levantamento de dados e informações que podem se tornar indispensáveis no combate a esse modelo de delito hoje em pleno curso.

Com este entendimento, o STF indeferiu o pleito cautelar da autora.

Em 12/02/2004, cerca de sete anos após o julgamento da cautelar na ADI 1517, o STF voltou a debater o mesmo tema, agora em sede definitiva. Desta vez, no entanto, o resultado do julgamento foi distinto.

Por conta de questões processuais, os autos da ADI 1517 foram apensados aos da ADI 1570, cujo relator era, também, o Ministro Maurício Corrêa. Por meio desta nova ação direta, a Procuradoria Geral da República – desta vez a autora da ação – impugnou a exata mesma norma que havia sido questionada anteriormente: o art. 3º da Lei 9.034/95. Neste segundo momento, contudo, o parâmetro constitucional invocado como violado era ligeiramente diverso. Segundo a PGR, a norma seria materialmente incompatível com os artigos 5º, LIV e LV, 93, IX e, finalmente, com o 129, I, todos da CRFB/88.

Ainda que o objeto de controle tenha sido o mesmo de outrora, o resultado do julgamento, desta vez, foi o inverso. Capitaneado pelo Ministro Maurício Corrêa – que reviu o seu entendimento anterior – o STF declarou, em caráter definitivo, a inconstitucionalidade da norma. Afirmou a Corte, em outras palavras, a incompatibilidade material entre o "juiz-investigador" e o modelo de justiça criminal desenhado pela CRFB/88.

Ao justificar a revisão do entendimento afirmado nos autos da ADI 1517, o relator declarou (BRASIL, 2004a):

> Passados mais de cinco anos do julgamento cautelar na ADI 1517, após refletir mais detidamente sobre o tema agora tratando-se de julgamento definitivo, penso que, efetivamente,

> o dispositivo atacado não pode prevalecer diante das normas constitucionais vigentes.

Prosseguindo em seu voto, o Ministro reconheceu que, de fato, a lei criaria figura assemelhada ao "juiz de instrução", cuja proatividade investigativa seria "incompatível com o sistema acusatório em vigor" o qual, em suas palavras, "veda a atuação de ofício do órgão julgador". Finalmente, o relator concluiu que a figura do "juiz investigador" usurparia as atribuições dos outros atores da justiça criminal, Polícia e Ministério Público. Seguindo este entendimento, o Tribunal, novamente por maioria de votos, declarou a inconstitucionalidade da norma questionada e, ao fazê-lo, afastou a compatibilidade do modelo de justiça brasileiro com a sistemática do juizado de instrução francês, em que a investigação criminal – em determinados casos – é conduzida diretamente pelo Poder Judiciário que exerce, nestas situações, controle máximo sobre a investigação criminal.[2]

Em 11 de outubro de 2018, a questão relacionada à supervisão judicial sobre a investigação criminal retornou à pauta do STF. No julgamento da ADI 4693 (BRASIL, 2018), a PGR impugnou a norma contida no art. 378, parágrafo único do regimento interno do Tribunal de Justiça do Estado da Bahia (TJ/BA). Esta norma regulamentava o procedimento a ser adotado, pelo próprio TJ/BA, no caso de investigações relacionadas ao possível cometimento de crimes por Juízes de Direito e previa que, encerrada a investigação, o caso seria levado a julgamento no plenário do tribunal, sem manifestação prévia do Ministério Público. Caso o tribunal entendesse

2. Para informações sobre o modelo de instrução francês, ver: HODGSON (2005) e A. BERMANN e PICARD (2011)

pela inexistência, em tese, de ato criminoso, o caso deveria ser imediatamente arquivado, cientificando-se, em seguida, o *Parquet*. Caso a corte estadual entendesse pela existência, em tese, de possível crime, os autos deveriam, aí sim, ser encaminhados ao Ministério Público "para o procedimento cabível".

Em suas razões de impugnação, a PGR sustentou, em resumo, que o arquivamento de investigação criminal sem a manifestação prévia do Ministério Público violaria a norma contida no art. 129, I da CRFB/88 porque "usurparia" a atribuição do *Parquet* em "promover, privativamente, a ação penal pública". Acatando os argumentos suscitados pela PGR, o STF, à unanimidade, declarou a inconstitucionalidade do dispositivo questionado, sob o fundamento, justamente, de que seria incompatível com a norma inserida no art. 129, I da CRFB/88. Ao fundamentar o seu voto, o Ministro relator Alexandre de Moraes afirmou:

> A Constituição Brasileira de 1988 consagrou, em matéria de processo penal, o sistema acusatório, atribuindo a órgãos diferentes as funcões de acusação (e investigação) e julgamento. O sistema acusatório opõe-se, doutrinariamente, ao sistema inquisitório, no qual o Poder Judiciário atua ativamente na fase de investigação. No sistema acusatório, diversamente, o juiz não atua como investigador e acusador.

A natureza "acusatória" e "não inquisitorial" do modelo foi reafirmada durante o julgamento da medida cautelar na ADI 5104 (BRASIL, 2014), em que a Corte discutiu a constitucionalidade – dentre outros – do art. 8º da Resolução n. 23.396/2013 do Tribunal Superior Eleitoral (TSE). Esta norma condicionava a instauração de inquéritos policiais eleitorais, unicamente, a requisições judiciais, afastando, deste modo a prerrogativa do Ministério Público de fazê-lo. De acordo com a PGR, isso violaria não só o princípio acusatório como, também, a norma inserida no art. 129, VIII da CRFB/88, que outorga, ao *Parquet*, a prerrogativa de requisitar a instauração de inquéritos policiais. Na visão da PGR, considerando que a CRFB/88 não teria restringido esta prerrogativa a casos não eleitorais, norma infraconstitucional não poderia fazê-lo.

Como "premissa teórica" a fundamentar o seu voto, o relator do caso consignou:

> Como se sabe, a Constituição de 1988 fez uma opção inequívoca pelo sistema acusatório – e não pelo sistema inquisitorial – criando as bases para uma mudança profunda na condução das investigações criminais e no processamento das ações penais no Brasil. De forma específica, essa opção encontra-se positivada no art. 129, inciso I – que confere ao Ministério Público a titularidade da ação penal de iniciativa pública –, e também no inciso VIII, que prevê a competência do Parquet para requisitar diligências investigatórias e a instauração de inquéritos policiais. De forma indireta, mas igualmente relevante, a mesma lógica básica poderia ser extraída dos direitos fundamentais ao devido processo legal, à ampla defesa e ao contraditório.

Os casos acima indicados apontam uma tendência, na jurisprudência do STF, em classificar o modelo de Justiça Criminal brasileiro pós-88 enquanto "acusatório" ou "não inquisitorial". Estes casos são representativos na medida em que correspondem a análises abstratas realizadas pela Corte, todas elas efetivadas em controle concentrado de constitucionalidade. A análise sobre a (in)compatibilidade material da norma impugnada, com o parâmetro constitucional, constitui o objetivo imediato da jurisdição constitucional, de modo que estes casos são especialmente relevantes, no âmbito da jurisprudência do STF.

A afirmação acima, no entanto, não escapa a um exame mais aprofundado dos votos e análises individuais dos Ministros. Ainda que, colegiadamente, o STF confirme a natureza "acusatória" da Justiça Criminal pós-88, este aparente consenso esconde uma importante controvérsia a respeito das formas como este modelo de justiça é executado na prática, especificamente durante a atividade de investigação criminal. Esta controvérsia diz respeito, em síntese, à delimitação dos espaços de atuação dos atores que integram o sistema de justiça criminal brasileiro.

1.1. OS ESPAÇOS DE ATUAÇÃO DOS AGENTES DA JUSTIÇA CRIMINAL BRASILEIRA: O CASO DA INVESTIGAÇÃO CRIMINAL

Conforme visto anteriormente, a jurisprudência do STF é estável quanto à classificação do modelo processual brasileiro pós-88 enquanto "acusatório", ao menos sob o aspecto teórico. E, nas oportunidades em que este modelo "acusatório" foi afirmado, possíveis traços "inquisitoriais" da legislação penal ou processual penal brasileira foram afastados.[3] Este aparente consenso, todavia, pode ser enganoso. Uma análise mais detida dos casos acima mencionados sugere que importantes questões relacionadas ao *conteúdo concreto* do sistema permanecem em aberto. Este conteúdo concreto, a seu turno, diz respeito à

3. DE VASCONCELOS, em pesquisa que abrangeu a jurisprudência do STF entre 2010 e 2014, também identificou o emprego, pela Corte, desta classificação (2015).

definição dos espaços de atuação dos agentes que compõem o sistema, ou seja, da correta definição de como tais agentes agem e interagem na prática.

Nos julgamentos das ADIs acima mencionadas, um tema subjaz aos debates travados em plenário: o exercício da supervisão judicial sobre a atividade de investigação criminal.

Nas ADI`s 1517 e 1570, por exemplo, o STF entendeu que o modelo – ao final classificado de – "acusatório" brasileiro é incompatível com o grau máximo de supervisão judicial sobre a investigação criminal. Este grau máximo corresponde, justamente, à condução de diligências diretamente pelo órgão julgador, em substituição, seja à polícia, seja ao Ministério Público. Esta conclusão foi alcançada na medida em que o STF declarou a inconstitucionalidade do "juiz investigador" brasileiro, comparando-o ao juiz de instrução francês, figura "incompatível com o sistema acusatório em vigor".[4]

Mas, se por um lado, o STF declarou a incompatibilidade do *grau máximo* de supervisão judicial sobre a investigação criminal, nenhuma palavra foi mencionada a respeito de qual seria a intensidade constitucionalmente adequada desta supervisão – presumindo-se que ela, de fato, exista. Esta nuance parece ter sido captada pelo Ministro Sepúlveda Pertence, ao apresentar importante ressalva quanto ao entendimento dominante na ADI 1570. De acordo com ele (BRASIL, 2004a):

---

4. A conclusão sobre a absoluta incompatibilidade do "juiz-investigador", com a CRFB/88, passa a ser questionável a partir do Inquérito 4781, mencionado na introdução. Ressalto, novamente, contudo, que este caso ainda não havia sido levado a plenário até a conclusão do presente livro, de modo que não é possível se concluir pela eventual extensão deste entendimento a outras instâncias judiciárias.

> Não estamos perante um juiz absolutamente neutro, pelo menos, na nossa versão de processo acusatório, que não é a do puro processo acusatório anglo-saxão, em que se tem, idealmente, o juiz totalmente passivo, de forma que não se afasta a constitucionalidade de iniciativas do juiz de aprofundamento ou complementação da prova no curso do processo, como foram os exemplos aqui citados da inspeção pessoal de pessoas ou coisas.

Extrai-se deste comentário a dificuldade de se promover uma correspondência imediata entre o modelo brasileiro e modelos históricos idealizados. A questão, ao que parece, gira em torno da *intensidade* com que o Poder Judiciário deva exercer a supervisão judicial sobre as atividades investigativas. Esse parece ser, justamente, o tom adotado pelo STF nos julgamentos subsequentes em que tratou do tema.

Retorne-se à ADI 4693. Neste caso, o STF decidiu, à unanimidade, ser inconstitucional norma inserida no regimento interno de tribunal de justiça que prive o Ministério Público de formar a sua opinião delitiva previamente à análise do caso pelo plenário da corte. Mas, ainda que a norma impugnada tenha sido declarada inconstitucional, o Ministro relator deixou em aberto eventual possibilidade – considerada por ele como "excepcional" – de trancamento da investigação, à revelia do Ministério Público, mediante a concessão de *habeas corpus* (BRASIL, 2018). Também neste caso aparece, novamente, a questão relacionada à intensidade do controle judicial sobre a investigação criminal.

A adequada intensidade da supervisão judicial também foi debatida durante o julgamento da medida cautelar na ADI 5104/DF (BRASIL, 2014), oportunidade em que o STF discutiu as interações recíprocas entre Poder Judiciário e Ministério Público no decorrer da investigação criminal eleitoral. Neste caso, a PGR questionou norma regulamentar do Tribunal Superior Eleitoral (TSE) que condicionava a instauração de inquérito policial eleitoral a requisição judicial – o que impedia, portanto, a iniciativa do Ministério Público para iniciar investigações criminais de natureza eleitoral. Para o Ministro Luis Roberto Barroso, relator, a necessidade de autorização judicial prévia ao início de uma investigação criminal violaria o modelo constitucional brasileiro, o qual, segundo ele "[...] estabelece determinadas balizas para os procedimentos de investigação criminal, que devem ser desenvolvidos ordinariamente pela autoridade policial sob a supervisão do Ministério Público". Ainda de acordo com o relator, a criação, por ato infraconstitucional, de um "poder genérico de direção" da investigação, pelo Poder Judiciário, "esvaziaria" o modelo acusatório.

Sem discordar da classificação do modelo constitucional enquanto "acusatório", o Ministro Dias Toffoli defendeu posição contrária. Segundo ele, a jurisdição criminal eleitoral deteria particularidades específicas, que a diferenciariam da jurisdição criminal "ordinária". Tais particularidades estariam ligadas, segundo ele, ao "desenho organizacional" da Justiça Eleitoral, "moldado a partir da necessidade de instauração de um sistema imparcial de controle das eleições, capaz de garantir a neutralidade de todas as ações de controle eleitoral". Este argumento, segundo ele, justificaria a mais intensa supervisão judicial sobre a investigação criminal eleitoral do que a investigação relacionada a outros crimes. A despeito deste embate teórico, o STF, por maioria de votos, deferiu, parcialmente, o requerimento cautelar formulado pela PGR. A cautelar, na parte em que deferida, abrangeu o art. 8º da

Resolução TSE 23.396/2013, de modo que a sua eficácia acabou suspensa.[5]

Vê-se, desta forma, que parece não haver controvérsias, no âmbito do STF, no sentido de que o Poder Judiciário seja instituição legitimada a exercer algum nível de supervisão sobre a atividade de investigação criminal – coordenada ou conduzida diretamente pelo Ministério Público. A partir daí, no entanto, as conclusões a respeito de como deva ocorrer esta supervisão tornam-se mais complexas de serem alcançadas. Um possível denominador comum parece ser o de que esta atividade de supervisão não pode ser tão intensa a ponto de *desnaturar* as atribuições do Ministério Público enquanto titular privativo da ação penal pública. Esta é a visão que, no meu entender, aparece nos julgamentos acima mencionados. A dificuldade do tema reside em se identificar, no entanto, qual seria o espaço de atuação legítimo, do Ministério Público, durante a investigação criminal, tema em relação ao qual também pairam dúvidas, mesmo no âmbito da jurisprudência do STF, o que é simbolizado pelas discussões relacionadas à legitimação do Ministério Público para promover, por conta própria, investigações de natureza criminal.

Ainda que este não tenha sido o objeto em discussão na ADI 1570, alguns Ministros, já naquela oportunidade, manifestaram, em *obiter dictum*, impressões pessoais absolutamente antagônicas a respeito do tema. Assim, enquanto o Ministro Ayres Britto enfatizou o seu "absoluto convencimento" de que o Ministério Público "tem, sim, poderes de investigação cri-

5. Até a conclusão deste livro, o julgamento definitivo da ADI 5104 ainda não havia ocorrido.

minal", o Ministro Nelson Jobim afirmou ser "absolutamente contrário" a esta possibilidade. Enquanto, para o Ministro Carlos Velloso, o modelo pós-88 não permitiria, ao MP, "baixar portaria e instaurar inquérito policial", o Ministro Joaquim Barbosa pareceu criticar um possível diminuto protagonismo do Ministério Público no processo penal, ao aduzir que a instituição, "com postura meramente contemplativa faz do processo penal, no Brasil, uma fachada" (BRASIL, 2004a).

O debate sobre a autonomia investigativa criminal do Ministério Público permaneceu em aberto, desde então, por mais uma década. Somente em 2016, no julgamento do recurso extraordinário, com repercussão geral, número 593.727/MG, o STF a reafirmou. Mais uma vez, no entanto, a fixação deste entendimento deu-se por maioria de votos, não alcançada a unanimidade. E, ao final do julgamento, o STF indicou, explicitamente, que esta atividade ministerial possui limites. Na prática, os limites já impostos à investigação criminal conduzida pela polícia. A tese fixada, em abstrato, foi a seguinte (BRASIL, 2015c):

> O Ministério Público dispõe de competência para promover, por autoridade própria, e por prazo razoável, investigações de natureza penal, desde que respeitados os direitos e garantias que assistem a qualquer indiciado ou a qualquer pessoa sob investigação do Estado, observadas, sempre, por seus agentes, as hipóteses de reserva constitucional de jurisdição e, também, as prerrogativas profissionais de que se acham investidos, em nosso País, os Advogados (Lei 8.906/94, artigo 7º, notadamente os incisos I, II, III, XI, XIII, XIV e XIX), sem prejuízo da possibilidade – sempre presente no Estado democrático de Direito – do permanente controle jurisdicional dos atos, necessariamente documentados (Súmula Vinculante 14), praticados pelos membros dessa instituição.

Ambos os temas acima apresentados – supervisão judicial sobre a investigação criminal e a iniciativa investigatório autônoma do Ministério Público – demonstram que, apesar do consenso a respeito da classificação teórica do modelo enquanto "acusatório", o pano de fundo destas discussões, relacionado aos espaços de atuação dos agentes que compõem a Justiça Criminal brasileira, ainda não se encontra devidamente assentado na jurisprudência do STF.

Diante da indefinição jurisprudencial a respeito do aspecto organizacional deste modelo classificado de "acusatório", deve-se buscar o conteúdo desta "acusatoriedade" na doutrina.

1.2. "ACUSATORIEDADE": O PREENCHIMENTO DO SEU CONTEÚDO A PARTIR DE UM TIPO IDEAL

No ambiente acadêmico brasileiro, o emprego da dicotomia "acusatório x inquisitivo" é consagrado. Em doutrina, diversos autores já se propuseram a indicar critérios distintivos entre um e outro conceito e, consequentemente, a classificar o modelo brasileiro de acordo com a base teórica adotada. Segundo FREDERICO MARQUES, por exemplo, a diferença fundamental entre um sistema e outro seria a especialização funcional entre as atividades de persecução e julgamento – existente esta especialização em modelos acusatórios e inexistente em modelos inquisitoriais (1998, p. 70). Ao adotar este critério, o próprio FREDERICO MARQUES classifica o modelo processual brasileiro de "acusatório", ao concluir que "Separadas estão, no Direito pátrio, a *função de acusar* e a *função jurisdicional*. O impulso inicial ao processo, quem o dá é o Ministério Público, quando se trata de *ação penal pública*, ou o particular, quando o caso é de *ação penal privada*" (1998, p. 71).

COUTINHO (1998, p. 166-167) entende, por outro lado, que o critério distintivo adequado está relacionado, não à existência de uma eventual relação processual em juízo. Segundo ele, a classificação tem, como objetivo, diferenciar modelos que tratam da gestão da prova penal de formas distintas. Assim, de acordo com ele, modelos regidos pelo princípio inquisitivo outorgariam "extrema concentração de poderes nas mãos do órgão julgador". A partir deste critério, classifica o modelo processual brasileiro enquanto "inquisitivo" porque, segundo ele, "a gestão da prova está, primordialmente, nas mãos do juiz".

Outra vertente doutrinária, no entanto, entende que o sistema de justiça criminal brasileiro reúne elementos de ambos os modelos processuais. Haveria de ser, neste contexto, um sistema "misto", cujo conteúdo seria preenchido "a partir de qualquer combinação entre os elementos encontrados nos sistemas acusatório e inquisitivo" (ANDRADE, 2013, p. 422). De acordo com PACELLI (2012, p. 13):

> A doutrina brasileira costume referir-se ao modelo brasileiro de sistema processual, no que se refere à definição da atuação do juiz criminal, como um sistema de natureza *mista*, isto é, com feições acusatórias e inquisitórias. Alguns alegam que a existência do inquérito policial na fase *pré processual* já seria, por si só, indicativa de um sistema *misto*; outros, com mais propriedade, apontam determinados poderes atribuídos aos juízes no Código de Processo Penal como a justificativa da conceituação antes mencionada (NUCCI, 2005, p. 101).[6]

6. A respeito da classificação de sistemas processuais enquanto "mistos", BADARÓ afirma: "Predominava o entendimento de que o sistema do

Nota-se que a doutrina brasileira encontra dificuldades em distinguir critérios cientificamente válidos para a diferenciação entre os conceitos de "acusatório" e "inquisitivo" e, consequentemente, em classificar o próprio sistema de justiça criminal brasileiro pós-88. ANDRADE (2013, p. 52) identifica esta dificuldade e a atribui à metodologia empregada para o preenchimento dos conceitos que integram a dicotomia "acusatório e inquisitivo" que – segundo ele – corresponde à utilização de "tipos ideais". Os tipos ideais representam construções mentais fundamentadas na observação da realidade. O conceito é extraído das ciências sociais – cuja base epistemológica difere da das ciências naturais[7]. Eles são utilizados com o propósito

Código de Processo Penal era um sistema misto. A primeira fase da persecução penal, caracterizada pelo inquérito policial, era inquisitória, mas, iniciado o processo, teríamos um sistema acusatório. Porém, em face da nova sistemática constitucional, segundo a qual estão claramente separadas as funções de julgar, acusar e defender, o contraditório é previsto de forma ampla e expressamente se assegura a presunção de inocência; mesmo mantido o inquérito policial, estamos, indiscutivelmente, diante de um sistema acusatório." (2013, p. 30).

7. "However, the subjects of the cultural sciences differ from those of natural sciences in ways that are additional to those relating to meaningfulness. Cultural concepts like 'Christianity', 'bureaucracy' and 'stratification' are different from natural science concepts like 'weight', 'atom' and 'energy'. The former have richer content and function differently in the analysis. In Weber's work the ideal-type emerged as an indispensable tool to tackle the special challenge provided by such 'rich' concepts and the phenomena they refer to." (LINDBEKK, 1992, p. 289). Em tradução livre: "No entanto, o objeto de estudo das ciências culturais é distinto do das ciências naturais em sentidos que vão além daqueles relacionados à atribuição de significados. Conceitos culturais como 'Cristianismo', 'burocracia' e 'estratificação' são diferentes de conceitos vinculados às ciências naturais, tais como 'massa', 'átomo' e 'energia'. Os primeiros têm conteúdos mais ricos e são operacionalizados de formas distintas. No trabalho de Weber, o

de captar fenômenos sociais complexos e simplificá-los, teoricamente, com objetivos analíticos. Tratam-se, portanto, de uma aproximação da realidade.

O emprego dos tipos ideais pressupõe, portanto, a construção de um *modelo*[8] teórico que serve como referencial para a pesquisa sociológica. Por se tratarem de *modelos*, no entanto, os tipos ideais são aptos a fornecer um conhecimento que difere daquele obtido a partir das ciências naturais. É por este motivo que ANDRADE (2013, p. 48) alerta para as cautelas que devem ser adotadas ao se lançar mão dos tipos ideais na medida em que são, segundo o autor, "conceitos artificiais ou meras hipóteses que não representam, verdadeiramente o objeto de um determinado estudo, o que obrigatoriamente lhes confere um grau de validade relativo".

Sem embargo disso, os tipos ideais são utilizados com frequência, no estudo do processo penal comparado, para a classificação de sistemas processuais. Os conceitos de "acusatório" e "inquisitivo", neste contexto, representam tipos ideais referentes a sistemas processuais distintos, cada qual com as suas características essenciais que representam os seus traços fundamentais, sociológicos ou culturais.

---

tipo ideal emergiu enquanto um instrumento fundamental para enfrentar o desafio especial criado por estes conceitos 'ricos' e os fenômenos a que eles se referem."

8. De acordo com LINDBEKK (1992, p. 290): "The ideal-type is a model picture, pointing to certain traits of actors or cultural/social systems. The researcher has the task of comparing empirical phenomena with this model." Em tradução livre: "O tipo ideal é um modelo que abrange certos traços de atores ou sistemas culturais/sociais. O pesquisador tem a tarefa de comparar os fenômenos empíricos com este modelo".

1.3. A INSUFICIÊNCIA DOS TIPOS IDEAIS PARA A CONSTRUÇÃO DA "NOSSA VERSÃO DE PROCESSO ACUSATÓRIO"

1.3.1. Os "núcleos centrais" dos conceitos

A adoção de tipos ideais para o preenchimento do conteúdo dos conceitos de "acusatório" e "inquisitivo" corresponde a método cientificamente válido. Este método, no entanto, é insuficiente caso se pretenda investigar, a fundo, a estrutura organizacional do modelo analisado, ou seja, caso se pretenda dissecar estruturas processuais além daquelas identificadas por DAMASKA como o "conteúdo central" de ambos os conceitos. Tais conteúdos centrais, segundo DAMASKA, seriam (1986, p. 3):

> The adversarial mode of proceeding takes its shape from a contest or a dispute: it unfolds as an engagement of two adversaries before a relatively passive decision maker whose principal duty is to reach a verdict. The non adversarial mode is structured as an official inquiry. Under the first system, the two adversaries take charge of most procedural action; under the second, officials perform most activities.[9]

Ocorre que, prossegue DAMASKA, ainda que seja possível a razoável delimitação do "conteúdo central" destes

9. Em tradução livre: "O processo adversarial tem o formato de um embate ou uma disputa: desenrola-se enquanto um confronto entre dois adversários perante um órgão julgador relativamente passivo, cujo único objetivo é determinar o veredito. O modelo não adversarial é estruturado enquanto uma investigação oficial. De acordo com o primeiro modelo, os dois adversários são responsáveis por grande parte dos atos processual; de acordo com o segundo, agentes oficiais são encarregados de grande parte dos atos processuais.".

conceitos "Beyond this core meaning, uncertainty begins. It is unclear how far the adversarial process yields to the wishes of the parties ("how passive the judge?") and how pervasive official control is in the inquisitorial mode ("how active the officials?)" (1986, p. 3).[10] A "incerteza" a que DAMASKA faz referência está ligada ao conteúdo do conhecimento extraído a partir do emprego dos tipos ideais. Por se tratarem de modelos teóricos construídos com o objetivo de se capturar a realidade – complexa e multifacetada –, os tipos ideais relacionados aos conceitos de "acusatório" e "inquisitivo" são insuficientes enquanto instrumento de análise das nuances concretas daquele determinado sistema processual.

Assim, ainda que seja cientificamente viável a classificação de sistemas processuais a partir da construção de "tipos ideais" associados aos conceitos de "acusatório" e "inquisitivo", esta abordagem passa a ser insuficiente[11] caso o objetivo seja a dissecação de como aquele determinado modelo processual funciona concretamente. De acordo com LANGER (2014, p. 12), os tipos ideais são insuficientes como instrumento de

---

10. Em tradução livre: "Para além deste conteúdo central, há incertezas. Não há clareza a respeito de qual seria a extensão, no modelo adversarial, das atribuições outorgadas às partes ("o quão passivo é o órgão julgador?"), tampouco, no modelo inquisitorial, da extensão do controle oficial ("o quão ativo é o órgão julgador?").".

11. ANDRADE (2013, p. 49) apresenta outro risco associado à utilização dos "tipos ideais" para a classificação de modelos de justiça concretos, relacionado à ausência de critérios científicos destinados ao preenchimento do conteúdo destas expressões: "[...] a natureza dos tipos ideais concede plena liberdade a cada autor para escolher seus próprios critérios - filosóficos, políticos, ideológicos dentre outros - no momento de construir um determinado tipo ideal. Isso faz com que, em maior ou menor medida, vários dados de uma realidade histórica possam estar presentes ou completamente ausentes de sua configuração."

análise da "multiplicidade de fenômenos processuais" existentes nas mais variadas jurisdições.[12]

1.3.2. A multiplicidade de fenômenos processuais

A "multiplicidade de fenômenos processuais" pode ser explicada por, ao menos, três fatores: (i) a existência de alternativas processuais distintas destinadas a regular situações análogas; (ii) a influência de sistemas estrangeiros nas jurisdições nacionais; e (iii) a influência das cortes internacionais de justiça nas jurisdições nacionais.

A respeito do item (i), as mais variadas jurisdições – mesmo as que possuem raízes em modelos processuais históricos semelhantes – preveem, concretamente, distintas alternativas processuais para a resolução de questões que, muitas vezes, dizem respeito ao mesmo problema de fundo.[13] É o caso, por exemplo, de questões ligadas à busca por autonomia e independência para a atividade de investigação criminal.

---

12. Neste sentido, prossegue LANGER (2014) "The main criticism of ideal-types has been that, even if they can capture the degrees of gray between two procedural opposites, they cannot make sense of the multiple procedural phenomena not included in the ideal-types.". Em tradução livre: "A crítica mais intensa à utilização dos tipos ideais refere-se ao fato de que, mesmo que eles fossem aptos a capturar os tons de cinza entre dois sistemas processuais opostos, eles não capturariam a multiplicidade de fenômenos processuais não incluídos nos tipos ideais".

13. Ao abrir aquele que é um de seus mais importantes trabalhos, DAMASKA sintetiza, com uma bela passagem, a dificuldade do comparatista (DAMASKA, 1986, p. 1): "An immense and bewildering subject opens up before one who contemplates the diversity of arregenements and institutions through which justice is variously administered in modern states.". Em tradução livre: "Uma imensa e estonteante perspectiva se abre para aquele que contempla a diversidade de arranjos e institutos através dos quais a justiça é administrada em Estados modernos.".

Na França, [14] por exemplo, o Poder Executivo, por meio do Ministro da Justiça, exerce histórica influência sobre as atividades do Ministério Público, cuja estrutura é fortemente impactada pelo princípio hierárquico, de modo que a atuação funcional dos procuradores da República é "dirigida e controlada" por procuradores que ocupam níveis superiores da carreira, cujas ordens devem ser cumpridas sob pena de aplicação de eventuais sanções administrativas (A. BERMANN e PICARD, 2011, p. 163). O juizado de instrução – a judicialização quase completa da investigação – mostra-se como o modelo de Justiça Criminal adequado a responder a estes desafios. [15]

---

14. O modelo judiciário francês é fortemente influenciado pelas inspirações decorrentes da Revolução Francesa. Considerando que um dos principais objetivos do movimento revolucionário era a suplantação do sistema de privilégios monárquicos e sociais, o princípio da soberania do povo foi inspiração para as reformas – incluindo as que ocorreram no sistema de justiça – nos anos subsequentes à Revolução. Diante da grave desconfiança a respeito da magistratura, considerada como um mecanismo de perpetuação dos privilégios e desigualdades, o sistema de justiça nunca foi considerado um poder independente e autônomo, quando comparado com os poderes políticos cujos representantes são eleitos democraticamente (Poderes Executivo e Legislativo). Neste sentido, ver: HODGSON (2005).

15. Com o juizado de instrução, investigações sensíveis, relacionadas aos crimes de maior potencial ofensivo, são conduzidas diretamente pelo juiz instrutor, titular de prerrogativas e garantias mais intensas do que o procurador da República. Registre-se, no entanto, que o juizado de instrução, por judicializar a investigação criminal, é alvo de fortes críticas. Nota-se, neste contexto, que a aproximação funcional do Poder Judiciário, com a investigação criminal – decorrente do grau máximo de supervisão judicial sobre esta atividade – acaba por mitigar a imparcialidade que se espera da instituição. É neste contexto a tendência, na França, aponta para a diminuição do emprego deste modelo e para o incremento da autonomia conferida ao *Parquet*. Para uma análise aprofundada do sistema judiciário francês, com informações sobre as últimas reformas legislativas e críticas ao modelo de instrução, ver HODGSON (2005).

Já na Itália, o juizado de instrução foi expressamente abolido pela reforma processual de 1988, reforma esta que procurou implementar um sistema de justiça denominado, explicitamente, de "acusatório", em que a iniciativa para a persecução penal se encontra nas mãos do Ministério Público. Abolido o modelo de instrução, as mesmas garantias e prerrogativas do Poder Judiciário também são outorgadas ao Ministério Público, como mecanismo de independência para a atividade de investigação criminal.[16] Neste contexto, o artigo 326 do código de processo penal italiano estipula que a o Ministério Público e a Polícia Judiciária desenvolvem, no âmbito de suas atribuições, as "investigações preliminares" (*indagini preliminari*), cujo objetivo é o exercício da ação penal. A relação entre Ministério Público e Polícia Judiciária é definida no artigo 109 da constituição italiana, que prevê que "a autoridade judiciária dispõe diretamente da polícia judiciária" (ITÁLIA, 2012).[17]

Em Portugal, igualmente, o desenvolvimento institucional do Ministério Público aponta para o progressivo incremento de

---

16. O art. 104 da constituição italiana estabelece que a magistratura é "independente e autônoma" em relação aos outros poderes. O termo "magistratura", no entanto, corresponde a gênero, cujas espécies são a magistratura judicial e a ministerial. O vocábulo "juiz", neste contexto, corresponde, genericamente, a juiz que julga quanto ao juiz (promotor/procurador) que acusa. O ingresso na carreira da magistratura italiana é único, por meio de concurso público e, uma vez integrante da carreira, o "magistrado" pode exercer funções judiciárias ou ministeriais, observadas as regras que regem a carreira e as expedidas pelo Conselho Superior da Magistratura, órgão análogo à reunião dos Conselhos Nacionais do Ministério Público e do Poder Judiciário no Brasil. Para uma análise orgânica do Ministério Público italiano, ver: PACILEO (2011).
17. Tradução livre do original: "L'autorità giudiziaria dispone direttamente della polizia giudiziaria".

sua autonomia. A constituição portuguesa de 1976 e as suas reformas posteriores afastam uma concepção de Ministério Público atrelada à defesa dos interesses executivos junto ao Poder Judiciário na medida em que lhe conferem um estatuto jurídico próprio e autonomia funcional (DIAS *et al.*, 2008).[18]

Já no Brasil, a solução política adotada em garantia à autonomia da persecução é original. O Ministério Público não integra, organicamente, nenhum dos Poderes da República e detém autonomias funcional e administrativa. Assim, ainda que não integre, formalmente, a lista do art. 2º da CRFB/88, é certo que a CRFB/88 oferece um regime jurídico diferenciado à instituição, de modo a desempenhar suas atividades de forma desembaraçada. Este regime será discutido no capítulo terceiro.

Apenas para mencionar um modelo em que esta lógica é diferente: nos Estados Unidos da América, a busca pela autonomia do Ministérios Públicos estaduais se dá por meio da eleição das respectivas chefias. Ainda que este modelo seja duramente criticado por aproximar a instituição do ambiente politico partidário, teoricamente, ao menos, a legitimação de suas atividades decorre da natureza eletiva da nomeação de suas respectivas chefias. Mesmo nos Estados Unidos da América, contudo, há importantes exceções. No âmbito federal, por exemplo, a lógica é inversa, na medida em que os *U.S. Attorneys* são apontados pela Presidência da República e são amovíveis.

Verifica-se, portanto, que ordenamentos jurídicos distintos – ainda que eventualmente vinculados às mesmas tradições jurídicas

18. Para a análise orgânica de outros Ministérios Públicos, ver: DIAS e GUIRINGUELLI DE AZEVEDO (2008) e a coletânea "Modelos de Ministério Público", editada pelo Conselho Nacional do Ministério Público (BRASIL, 2011).

– buscam alternativas igualmente distintas a questões semelhantes: neste caso, a busca por autonomia da persecução penal mediante a outorga de prerrogativas e garantias a seus membros.

O segundo motivo que leva ao dinamismo do fenômeno processual penal relaciona-se à influência que sistemas estrangeiros podem exercer em reformas processuais domésticas. Esta "importação" de novas categorias processuais nem sempre é perfeita e, muitas vezes, o sistema processual que as recebe acaba por incorporar as novidades não sem antes ajustá-las às suas peculiaridades locais.

Um dos melhores exemplos de influência que modelos estrangeiros podem exercer em outras jurisdições diz respeito ao *plea bargain* americano, fonte de inspiração para diversas reformas processuais penais ao redor do mundo. Ao reconhecer a forte influência americana em reformas judiciárias promovidas em países como Alemanha, Itália, Argentina e França, LANGER questiona, no entanto, uma possível recepção acrítica das ideias e ideologias do processo penal americano (2004). Na mesma linha, CUNHA (2019) adverte que, mesmo a tendência de maior emprego dos acordos de admissão de culpa, no Brasil, não significa entendê-los como uma importação, pura e simples, do modelo americano. Assim, ainda que estratégias processuais estrangeiras sejam eventualmente incorporadas a sistemas processuais locais – o que, de fato, ocorre –, é questionável que a correspondência resultante desta incorporação seja absoluta. Até mesmo porque, como alerta GROSSI (2014, p. 6), não deve o intérprete subdimensionar o caráter cultural do direito e de sua respectiva aplicação prática.

O dinamismo da justiça criminal pode ser associado, por fim, à crescente influência exercida, no âmbito interno, pela jurisprudência de cortes internacionais de justiça. Não raro, reformas legislativas são editadas de forma a se conformar os ordenamentos jurídicos internos a decisões emanadas pelas instâncias internacionais e influenciadas por convenções internacionais de Direitos Humanos. No Brasil, o impacto das normas e convenções internacionais para a Justiça Criminal brasileira é evidente. Nos autos da ADI 5240/SP (BRASIL, 2015a), por exemplo, o STF aplicou diretamente a Convenção Interamericana de Direitos Humanos para decidir ser necessária a realização de audiências de custódia em todo o território nacional.[19] Mas, para além da Convenção Interamericana de Direitos Humanos, as próprias decisões da Corte Interamericana de Direitos Humanos (CIDH) também influenciam a execução da Justiça Criminal brasileira. Exemplo disso é o caso Gomes Lund (guerrilha do Araguaia) vs Brasil (CORTE INTERMARICANA DE DIREITOS HUMANOS, 2009), em que o Brasil foi condenado a investigar, processar e punir casos de tortura e desaparecimento forçado ocorridos durante o regime militar.[20] Destaca-se, neste contexto, a atuação do Ministério Público Federal (MPF) no tema "justiça de transição", o que resultou no oferecimento de denúncias criminais contra dezenas de acusados por crimes contra a humanidade cometidos no período.[21] No dia 14/08/19, por exemplo, o

19. Prática que viria a ser regulamentada pela Resolução n. 213/2015 do Conselho Nacional de Justiça (CNJ).

20. Na Arguição de Descumprimento de Preceito Fundamental (ADPF) 153/DF (BRASIL, 2010a), o STF decidiu que a Lei de Anistia (Lei 6.683/79) havia sido recepcionada pela CRFB/88.

21. A atuação do MPF quanto ao tema encontra-se em seu sítio oficial: < www.justicadetransicao.mpf.mp.br>. Acesso em 16/08/10, às 15h22min, horário de Brasília.

Tribunal Regional Federal da 2ª Região (TRF-2) deu provimento a recurso do MPF e recebeu denúncia contra acusado de praticar os crimes de cárcere privado e estupro naquela que ficou conhecida como "casa da morte", situada no Município de Petrópolis/RJ. Ao justificar o seu voto, a Desembargadora Federal Simone Schreiber destacou as condenações do Brasil junto à CIDH e os efeitos destas condenações.[22-23]

Justifica-se, neste contexto, o entendimento de DAMASKA (1986, p. 6) no sentido de que, mesmo os núcleos centrais dos conceitos que integram os tipos ideais – os seus "mínimos denominadores comuns" – encontram-se em permanente mutação, de modo que o emprego acrítico da tipologia "acusatório x inquisitivo" pode ofuscar a investigação científica de seus respectivos conteúdos.

Vê-se, portanto, que os "tipos ideais", enquanto instrumentos classificatórios, possuem limitações. A rigidez classificatória a eles associada não lhes permite captar as nuances de como funcionam, na prática, sistemas processuais do presente, os quais – em muitos casos – incorporam características que não correspondem às estruturas históricas adotadas como parâmetro.

É diante da insuficiência teórica desta abordagem que DAMASKA afirma ser um "desafio de Sísifo" (1986, p. 3) a tentativa de se promover a correspondência de modelos concretamente existentes com modelos históricos idealizados, construídos a

---

22. Para a notícia oficial do TRF2 e voto da relatora: https://www10.trf2.jus.br/portal/trf2-recebe-denuncia-e-torna-reu-sargento-acusado-de-tortura-na-decada-de-1970/. Acesso em 16/08/19, às 15h26min, horário de Brasília.

23. Para uma análise da influência da Corte Europeia de Direitos Humanos sobre o ordenamento jurídico francês, ver: HODGSON (2005).

partir de um núcleo central supostamente imutável. E isso, justamente, porque os sistemas processuais concretos encontram-se em constante transformação, de modo que passa a ser difícil, cientificamente, a delimitação dos seus contornos exatos.

Nesta mesma linha, ROBERTS (2008, p. 298-299) aponta que o emprego da dicotomia pode incorporar uma "falha metodológica" importante, segundo ele:

> [...] its tendency to confuse normative and descriptive analysis of procedural systems, so that it becomes unclear whether 'adversarial' and 'inquisitorial' characteristics are being defined by the historical evolution of extant, institutionalized legal procedures, or whether existing procedural systems are to be interpreted and evaluated by reference to idealized models of 'adversarial' and 'inquisitorial' process.[24]

Considerando, portanto, as dificuldades conceituais associadas ao emprego dos tipos ideais, vê-se que a simples menção à "acusatoriedade" do sistema de justiça criminal brasileiro torna-se insuficiente caso se pretenda delinear, com exatidão, os espaços de atuação dos agentes que o integram.

1.4. UMA ABORDAGEM ALTERNATIVA

Apesar de absolutamente consagrado no âmbito do processo penal comparado – a ponto de LANGER (2014) afirmar

---

24. Em tradução livre: "[...] sua tendência em confundir as análises normativa e descritiva de sistemas processuais, de modo que se torna incerto se modelos 'adversariais' ou 'inquisitoriais' são definidos a partir da evolução histórica de sistemas legais já existentes ou, ao contrário, se sistemas processuais concretos devem ser interpretados e avaliados de acordo com modelos idealizados de processos 'adversariais' ou 'inquisitoriais'.".

que o seu emprego contribuiu para moldar este campo do conhecimento – os conceitos de "acusatório" e "inquisitivo" não são unívocos. Esta incerteza científica contribuiu, assim, para o desenvolvimento de teorias que buscassem se esquivar dos pressupostos teóricos atrelados à dualidade e desenvolver novos instrumentos de direito comparado. A construção mais sofisticada neste sentido é a teoria de DAMASKA (1986),[25] responsável pela estruturação de um modelo atento às interfaces entre o Sistema de Justiça e a teoria política (CUNHA, 2019, p. 41).

Conforme destaquei na introdução, o objetivo do presente trabalho não é o de oferecer soluções teóricas ao emprego da dicotomia "acusatório x inquisitivo", tampouco o de buscar uma classificação alternativa para o Sistema de Justiça brasileiro. Meu objetivo não é oferecer uma contribuição ao estudo do Direito Comparado, mas de apresentar uma análise sistematizada, sob a perspectiva organizacional, das formas como se estrutura a investigação criminal no Brasil, à luz da CRFB/88. Pretendo, com isso, oferecer uma interpretação – que pretendo coerente – de como devem interagir Polícia, Ministério Público e Poder Judiciário no decorrer desta atividade. Com isso, busco padrões interpretativos que sirvam à análise dinâmica do modelo, atento aos modos e formas a partir dos quais interagem (ou devem interagir) Polícia, Ministério Público e Poder Judiciário. A pergunta a ser feita, neste contexto, é a seguinte: independentemente da classificação teórica de nossa Justiça Criminal, como se devem interrelacionar estas instituições no decorrer da investigação criminal?

---

25. A teoria de DAMASKA é analisada – e criticada – em: LANGER, JACKSON e TILLERS (2008).

O distanciamento da tipologia pode ser útil, neste contexto, à diminuição de um risco metodológico importante: partir-se do pressuposto de que a Justiça Criminal seja, de fato, "acusatória" para se buscar, no modelo concreto, uma série de exemplos que justifiquem a conclusão previamente alcançada. Eventuais exemplos que "neguem" a classificação seriam, neste contexto, rejeitados e apontados como exceções que confirmariam a regra. Não só este pressuposto é cientificamente frágil como as consequências desta tomada de posição frente ao debate podem ser arriscadas, uma vez que podem servir a legitimar discursos vazios de sentido. CUNHA (2019, p. 114-118), neste contexto, aponta para os riscos de um uso político da dicotomia.

O que pretendo é percorrer o sentido inverso e oferecer um estudo despido de preconceitos conceituais. Pretendo estudar, à luz da CRFB/88, os modos como se desenvolveu, e se desenvolve, a investigação criminal no Brasil, a partir da perspectiva dos seus principais atores e de como eles interagem reciprocamente no exercício de suas funções. É o de oferecer, em suma, um norte interpretativo, constitucional e internamente coerente, que sirva a avaliar, criticamente, os modos pelos quais agem, e interagem, Polícia, Ministério Público e Poder Judiciário brasileiros.

O primeiro passo nesta jornada inicia-se com uma análise historiográfica da investigação criminal no Brasil.

2. UMA BREVE HISTÓRIA DA INVESTIGAÇÃO CRIMINAL NO BRASIL

2.1. NOTA METODOLÓGICA

Como afirmado na introdução, não pretendo oferecer uma suposta "grande narrativa" (COSTA, 2010, p. 20) a respeito da investigação criminal brasileira. Não busco, com o recurso às fontes históricas, sugerir a existência de uma narrativa coesa a conectar o momento presente com os acontecimentos ocorridos no século passado. Não sugiro, tampouco, que a CRFB/88 seja o possível "ponto de chegada", o suposto ápice de um imaginado processo de amadurecimento "iniciado" em 1832, com a edição do Código de Processo Criminal (CPP/1832) (BRASIL, 1832) e "complementado" pelas reformas judiciárias que lhe seguiram.

Qual motivo, então, do recurso às fontes históricas?

Segundo COSTA, História e Direito interagem reciprocamente em um "contínuo refluir do presente no passado". Para o historiador, o presente é o "estímulo e o instrumento", enquanto que o passado nada mais é do que o "objeto" de seus estudos. A necessidade do jurista, de buscar elementos que lhe são temporalmente distantes, justifica-se pelo caráter instrumental do passado, que serve de auxílio (moral ou material) à resolução de "um problema teórico ou prático do seu presente" (1999, p. 65).

Como exporei a seguir, o debate a respeito dos espaços de atuação das instituições que participam da Justiça Criminal e, especialmente, da investigação criminal, não é novidade no Brasil. O conjunto destas discussões, travadas especialmente a partir da edição do CPP/1832, pode ser alegoricamente condensado na questão relacionada às interações recíprocas entre o que, à época, se denominavam atividades de "polícia e justiça".

Conhecer estes debates e analisá-lo criticamente pode ser útil ao jurista do presente, momento este em que persistem incertezas relacionadas ao papel das instituições na Justiça Criminal e, principalmente, no decorrer da investigação criminal.

2.2. A "DÉCADA LIBERAL" BRASILEIRA (1827-1837) E O IMPULSO POR REFORMAS JUDICIÁRIAS

Efetivada a independência política em relação a Portugal, iniciaram-se os debates legislativos com o objetivo de se criarem novas leis para o Brasil. De acordo com LOPES (2017, p. 18), foi justamente a reforma do aparelho judicial que tomou o centro das discussões. Foi no período compreendido entre 1827 e 1837, classificado por FLORY (2015, p. 5) como "a década liberal" – ou a "fase verdadeiramente revolucionária da independência brasileira" – que a primeira geração de líderes políticos brasileiros tentou, o mais rapidamente possível, reformar instituições fortemente associadas ao regime colonial. Ainda segundo FLORY (2015), a certidão de nascimento desta "década liberal" foi lavrada em 1827, com a edição de lei que estabeleceu uma magistratura de natureza eletiva e leiga, composta pelos chamados "juízes de paz". A natureza eletiva do cargo tinha razão de ser: tratou-se de sintoma da grave desconfiança do parlamento em relação a D. Pedro I por conta da dissolução da Assembleia Constituinte, em 1823. Com a nova magistratura, esperava-se conter a interferência do poder central sobre o sistema de justiça. O juiz de paz previsto pela legislação de 1827 detinha, em sua maioria, atribuições civis. Apesar disso, incorporou importantes competências voltadas à persecução penal, inclusive as relacionadas ao que, atualmente, denomina-se "patrulhamento ostensivo", em garantia da ordem pública. Atuou, neste sentido, enquanto "agente de polícia e juiz local" (HOLLOWAY, 1997, p. 61).[1]

Mesmo a ascensão de D. Pedro IV ao trono de Portugal não arrefeceu o espírito reformista. O eventual retorno do Imperador ao Brasil e a sombra de uma possível reunificação politica com Portugal impulsionaram o aprofundamento das reformas, especialmente as judiciárias (LOPES, 2017, p. 126). À lei que instituiu os juizados de paz, seguiu-se a edição do CPP/1832 que promoveu, a seu turno, sensíveis alterações, tanto na organização judiciária brasileira, quanto na estruturação do procedimento judicial de primeira instância. Este código não só

---

1. HOLLOWAY (1997, p. 43) também destaca a inexistência de uma instituição profissional voltada ao controle da ordem pública imperial, logo após a independência. O que, hoje, denomina-se "patrulhamento ostensivo", exercido pelas corporações policiais, representava, à época, uma atividade de caráter não profissional, essencialmente vinculada ao sistema judicial.

consolidou a figura do juiz de paz – leigo e eleito localmente – como expandiu as suas atribuições criminais.

2.3. O CPP/1832 E A DESCENTRALIZAÇÃO DA PERSECUÇÃO PENAL: O PAPEL DOS JUÍZES DE PAZ

O CPP/1832 foi um dos primeiros códigos brasileiros, tratando-se nas palavras de LOPES, da "grande vitória legislativa dos liberais, logo após a abdicação de D. Pedro I" (2017, p. 277). Além de promover ampla reorganização do procedimento criminal em primeira instância, ele incorporou institutos liberais, como o *habeas corpus* e o tribunal do júri. Foi responsável, ainda, por sistematizar estruturas e procedimentos judiciários e por abolir jurisdições excepcionais (HOLLOWAY, 1997, p. 103).

A nova codificação inseriu o juiz de paz em posição de proeminência, atribuindo-lhe a tarefa de "exercer as funções de polícia local e julgar delitos menores" (FLORY, 1997).[2] No âmbito da investigação criminal, mediante abolição do sistema das devassas, aos juízes de paz incumbia a formação da culpa em um procedimento contraditório, assemelhado ao juizado de instrução. Nos processos de sua competência ele era o responsável pelo julgamento do feito. Caso contrário, incumbia-lhe formar a culpa do investigado, procedimento após o qual o juiz de paz prolatava sentença de pronúncia, passando-se ao

2. Estes "delitos menores" eram "(...) definidos como violações das posturas municipais e crimes passíveis de multas de até 100$000 ou de até seus meses de prisão com multas equivalentes à metade deste tempo." (BARMAN, 2012)

júri de acusação e, em seguida, ao juiz de direito para formação do júri de sentença [3] (LOPES, 2014, p. 277-279).

Por se tratar de um magistrado leigo e eleito localmente, o juiz de paz era encarado, pelos liberais, como um duplo instrumento: tanto de descentralização política, destinado a garantir mais autonomia para as províncias, que passariam a não mais depender do poder central no tocante à administração da justiça, quanto de renovação da elite imperial (LOPES, 2014, p. 279).[4] O papel de fortalecimento das autoridades locais,[5] desempenhado pelo CPP/1832 também é destacado por BARMAN (1994, p. 72).

Vê-se, neste contexto, que o juizado de paz se transformou – no âmbito judicial – em um dos símbolos da descentralização política à época pretendida (BARMAN, 2012, p. 96), cujo impacto político deve ser associado ao do Ato Adicional, verdadeira revisão constitucional (LOPES, 2014, p. 279), editado em 1834. Somados, o CPP/1832 e o Ato Adicional de 1834 promoveram um realinhamento das esferas de poder político a partir de um movimento centrífugo, que privilegiou as províncias e fortaleceu as autoridades locais. A partir daí, promove-se uma "significativa mudança no

3. Sobre a formação de culpa como procedimento prévio ao júri de acusação, a cargo dos juízes de paz, e da diferença entre este modelo e o do júri inglês, ver: ALMDEIDA JUNOR (1911, v.1, p. 222-223).

4. A respeito do importante papel que a elite judicial desempenhou durante o reinado brasileiro, ver: CARVALHO (2017).

5. Ao juiz de paz também foram outorgadas importantes atribuições administrativas como, por exemplo, a formação da lista de jurados e a de eleitores. FLORY (2015) aponta que as atribuições dos juízes de paz passaram a concorrer com a de outras autoridades locais, o que provocou acirramento das disputas pela preponderância do poder político nas províncias.

desenvolvimento do Brasil enquanto nação" (BARMAN, 2012, p. 178).

Desde a sua instituição, no entanto, o juizado de paz sempre foi alvo de críticas. Uma das principais reservas quanto a esta magistratura eletiva dizia respeito à possível ausência de controle efetivo sobre a sua atuação, de modo que a "anomalia de um juiz eleito localmente sem relações claras com a hierarquia judicial nomeada incomodava alguns dos envolvidos nas discussões da proposta." (HOLLOWAY, 1997, p. 61). CAMPOS, SLEMIAN e MOTTA (2017, p. 36) apontam, ainda, críticas relacionadas à alegada insuficiência no preparo técnico dos juízes de paz, o que, segundo apontam LOPES, QUEIROZ e ACCA (2013, p. 298) fez com que estes magistrados fossem incorporados, ao imaginário popular, como figuras desqualificadas e sem capacidade para exercer a contento as suas atribuições judiciais.

A grande contradição interna dos juizados de paz, no entanto, dizia respeito ao exercício concomitante de atribuições policiais e competências judiciais (HOLLOWAY, 1997, p. 62) e a outorga destas atribuições a funcionários eleitos localmente. Estas críticas acabaram se dirigindo ao próprio CPP/1832, encarado, à época, como um instrumento legislativo débil e incapaz de assegurar a manutenção da ordem. Os "problemas mais graves", então apontados, diziam respeito "às lacunas de autoridade e à descentralização da estrutura judiciária e policial propugnada" (VELLASCO, 2007, p. 197). Ao discursar no parlamento imperial, em 13 de agosto de 1870, o deputado Theodoro Machado lançou críticas ao CPP/1832, código responsável por consolidar – de acordo com o parlamentar – uma estrutura policial e judiciária "imprópria para as circunstâncias", em que preponderava a "expansão do direito local, sem sujeição a algum ponto de unidade" (ALMEIDA JUNIOR, 1911,v. 1, p. 188).

Durante uma grave crise institucional e política, Feijó renunciou ao posto de regente em 18 de setembro de 1837. Este movimento marca, segundo BARMAN (1994, p. 188), um movimento de inflexão na política nacional, momento em que uma "nova abordagem" para os problemas brasileiros seria empregada. Uma das promessas – talvez a promessa central – da facção política que alcançava o poder dizia respeito à restauração da ordem nas províncias. E, para isso, dentre outras medidas, buscou-se uma ampla reforma judiciária. De acordo com LOPES: "A justiça estava, como sempre, no centro de uma disputa em torno do modelo de Estado. A reviravolta conservadora alterou substancialmente o quadro." (2014, p. 280).

2.4. O REGRESSO CONSERVADOR: CENTRALIZAÇÃO POLÍTICA E A LEI DE 3 DE DEZEMBRO

Com a renúncia de Feijó e a eleição de Araújo Lima para o posto de regente uno, tem início o período conhecido como "regresso", expressão que, segundo FAUSTO (2015, p. 149), "indica a atuação da corrente conservadora desejosa de 'regressar' à centralização política e ao reforço da autoridade". Neste contexto, a restauração da ordem pública – abalada, nas províncias, por revoltas de natureza republicana – tornou-se o principal objetivo do novo governo. Para isso, a estratégia adotada girou em torno da centralização política, de modo que uma das primeiras medidas adotadas, neste sentido, foi a edição da Lei de Interpretação ao Ato Adicional que, aprovada em

1840 (BRASIL, 1840), restringiu os poderes das assembleias provinciais (FAUSTO, 2015, p. 149).

Considerando, no entanto, que a imposição da ordem imperial, nas províncias, dependia da reestruturação do aparelho policial, era indispensável, para o novo governo, a reconfiguração das atribuições dos juízes de paz, o que somente seria possível com a reforma do CPP/1832. A edição da lei de interpretação, neste contexto, apenas introduziu o que estava por vir: uma profunda reforma do Sistema de Justiça criminal brasileiro (BARMAN, 1994, p. 193-194), que viria a ser implementada em 1841, com a edição da chamada "lei de 3 de dezembro". Tratou-se da projeção, na esfera judiciária, de importante medida centralizadora que, para atingir os seus objetivos, mirou o juizado de paz. Foi-lhe removida grande parte de suas atribuições, que acabaram transferidas a agentes públicos nomeados diretamente pelo poder central (BARMAN, 1994, p. 213). Segundo LOPES (2014, p. 280):

> A lei de 3 de dezembro de 1841, reformando o Código de Processo, esvaziou as atribuições do juiz de paz. A reforma foi *centralizadora* e *policializante*. O imperador passava a nomear o chefe de polícia na Corte e nas províncias, escolhidos dentre desembargadores e juízes de direito. Os chefes de polícia seriam auxiliados por delegados e assumiam funções dos juízes de paz, não apenas fazendo o inquérito como também dando as sentenças de pronúncia em certos crimes, já que o art. 95 da lei aboliu o júri de acusação. As províncias, que pelo Ato Adicional haviam adquirido competências em matéria policial, perderam-nas pela lei de interpretação.

A partir da nova estrutura judiciária, o Ministro da Justiça – e, por conseguinte, o próprio Imperador – transformou-se, nas palavras de TAVARES BASTOS (1870, p. 165), em "generalíssimo da policia, dando-lhe por agentes um exército de funcionários hierárquicos, desde o presidente de província e o chefe de polícia até o inspetor de quarteirão". Com a lei de 3 de dezembro, o governo imperial, a um só tempo, reduziu as competências judiciais, expandiu as policiais e, justapondo-as, centralizou a persecução penal em suas mãos (KOERNER, 2010, p. 36). Esta situação é destacada por HOLLOWAY (1997, p. 158):

> Juntamente com a centralização da hierarquia da autoridade, o efeito mais significativo da Lei de 3 de Dezembro de 1841 foi estender formalmente poderes judiciais à polícia. Pela reforma de 1841, os chefes de polícia, delegados e subdelegados tinham plena autoridade, no âmbito das violações das posturas municipais e de todas as contravenções, para expedir mandados de busca e apreensão, efetuar prisões, incriminar formalmente, determinar fiança, conduzir audiências judiciais sumárias, pronunciar sentença e supervisionar a punição — tudo isso sem a intervenção de qualquer outra autoridade. Para todos os crimes, excetuando-se os de maior gravidade, o chefe de polícia, ou o delegado por ele nomeado no âmbito local, transformou-se em acusador, investigador, oficial de prisão e promotor, além de juiz, jurado e carcereiro.

O "policialismo judiciário" (MARQUES, 1998, p. 101) promovido pela lei de 3 de dezembro, representou a face visível daquele que era, na verdade, um dos objetivos dos reformadores: subordinar a persecução penal ao poder central por meio da transferência de sua iniciativa a agentes vinculados hierarquicamente ao Executivo imperial (SODRÉ, 1998, p. 283). Até por conta disso, a lei de dezembro foi alvo de críticas desde a sua edição (MARQUES, 1998, p. 103), sendo que um dos principais argumentos a ela contrários dizia respeito, justamente, à possível influência que poderia ser exercida, pelo Poder Executivo, em relação ao Poder Judicial.[6] Nos discursos parlamentares da época vê-se que a grande insatisfação com a lei de 3 de dezembro girava em torno, justamente, da confusão funcional estabelecida entre as atividades policiais e judiciais. ALMEIDA JUNIOR lembra que, ao discursar na Câmara dos Deputados, em 1845, Rodrigues dos Santos afirmou (1911,v. 1, p. 185):

> A lei de 3 de Dezembro ofende a Constituição, porque entrega o direito de processar o cidadão brasileiro a delegados de polícia amovíveis e, portanto, inteiramente dependentes do governo; além disso, institui juízes municipais dando-lhes todos os direitos e poderes dos juízes de direito sem que os cercasse daquelas garantias constitucionais que asseguram a independência, base principal da imparcialidade e da reta administração da justiça.

Nabuco de Araújo, então Ministro da Justiça, em discurso proferido na Câmara dos Deputados em 1854, afirmou (BRASIL, 1876, p. 116-117):

> Quereis saber uma parte em que essa lei é excepcional, em que não pode deixar de considerar-se somente aplicável à sua situação? É a confusão ou acumulação do poder de prender com o poder de julgar. Certamente, senhores, repugna que em um país bem organizado a polícia esteja confundida com a justiça. Em todos os lugares, desde que começa a justiça, cessa a ação da polícia.

A excepcionalidade da lei de 3 de dezembro também era denunciada pelo próprio Imperador. Em sua fala do trono de 1871, D. Pedro II aduz (BRASIL, 1889, p. 668-669):

---

6. Sobre a influência de um Poder sobre o outro, com informações sobre nomeação de agentes e as relações havidas entre eles, ver: KOERNER (2010, p. 36-37).

> É reconhecida a necessidade de reformar a legislação judiciária, provendo a reta administração da justiça e protegendo os direitos individuais contra quaisquer excessos e abusos.
>
> Neste intuito, constituir a autoridade julgadora com melhores condições de capacidade; extremar a ação da polícia, reduzida às atribuições de seu peculiar serviço; restringir a prisão aos casos de indeclinável necessidade; facilitar as fianças e recursos, especialmente a tutelar a garantia dos *habeas corpus*, são medidas altamente reclamadas.

A reforma da lei de 3 de dezembro, no entanto, somente ocorreu trinta anos depois, com a edição da Lei 2.033, em 1871. Esta lei teve, como um de seus objetivos centrais, a separação funcional entre, de um lado, as atividades policiais e, de outro lado, as judiciais. Pretendia-se garantir autonomia ao Poder Judiciário, afastando-se as interferências executivas.

2.5. A LEI 2.033 DE 1871: A DEFEITUOSA SEPARAÇÃO FUNCIONAL ENTRE POLÍCIA E JUSTIÇA

Diferentemente do que ocorreu logo após a independência – em que era necessária uma ampla reforma, tanto das estruturas do sistema de justiça, quanto do procedimento penal –, os debates relacionados à alteração da lei de 3 de dezembro focaram na reorganização judiciária (LOPES, 2017, p. 146). A questão central a ser enfrentada dizia respeito à busca pela autonomia do Poder Judicial (KOERNER, 2010, p. 83-84). A Lei 2.033 de 1871 (art. 9º) afastou, neste contexto, o que de mais polêmico havia na reforma promovida pela lei de 3 de dezembro: o exercício da jurisdição pela polícia, atividade caracterizada por HOLLOWAY (1997, p. 227-228) enquanto uma "função anômala".

Nascia, neste contexto, o inquérito policial, a medida "mais importante" (KOERNER, 2010, p. 100) estabelecida pela reforma. O novo instituto passou a ser regulamentado pelos artigos 38 a 44 do Decreto 4824 (BRASIL, 1871b), que previam a realização deste procedimento a cargo do chefe de polícia e de seus delegados e subdelegados. As tarefas desempenhadas no âmbito do inquérito policial compreendiam as "diligências necessárias para verificação da existência do mesmo crime, descobrimento de todas as suas circunstâncias e dos delinquentes" (art. 38). O inquérito policial representava, neste contexto "um acto da polícia auxiliar da justiça e não dos juízes: já se vê, pois, que é um inquérito extra-judicial, posto que auxiliar da justiça, um *instrumento*, segundo o disposto na Lei 2033 de 20 de Setembro de 1871, art 10 p. 1, e no Decr. N. 4824 de 22 de Novembro de 1871, arts. 38 a 44" (ALMEIDA JUNIOR, 1911,v. 2, p. 66). Foi com este instrumento que os reformadores pretenderam apartar as atividades policiais e judiciais, conferindo, a autoridades distintas, poderes de instrução próprios e autônomos.

A Lei 2.033/1871 provocou, no entanto, um efeito colateral ao manter "[...] a iniciativa de ação da polícia na instrução criminal, independentemente da intervenção da autoridade judiciária" (KOERNER, 2010, p. 100). A separação funcional entre ambas as atividades acabou sendo defeituosa uma vez que, tendo outorgado ampla iniciativa à polícia, não lhe impôs mecanismos efetivos de controle. A iniciativa da persecução penal, portanto, foi mantida nas mãos da polícia, tendo-lhe sido outorgada, pela nova legislação, a tarefa de "proceder às diligencias necessárias para descobrimento dos factos criminosos e suas circunstâncias", devendo, em seguida, transmitir ao promotor público "com os autos de corpo de delito e indicação das testemunhas mais idôneas, todos os esclarecimentos coligidos", conforme artigo 10, parágrafo 1º da Lei 2.033 (BRASIL, 1871c).

A separação funcional entre as atividades policial e judicial, promovida pela Lei 2.033/1871, portanto, não foi completa já que as tarefas desempenhadas, tanto pela polícia, quanto pela justiça, continuavam parcialmente sobrepostas, ainda que realizadas autonomamente, uma em relação à outra. Isso levou à duplicação do procedimento de formação de culpa. Segundo KOERNER (2010, p. 101):

> Com o inquérito policial, a reforma de 1871 separou a justiça da policia, sem estabelecer uma relação de controle efetivo da primeira sobre a segunda. Ocorreu antes uma superposição das duas esferas, o que, na prática, resultou no afastamento do controle judicial efetivo da legalidade dos procedimentos policiais. Já em 1873, Nabuco de Araújo criticava o inquérito policial no Senado. Para Aquino e Castro, com o inquérito policial mantinha-se a liberdade de ação da polícia:
>
> *...o que se vê é a polícia, como dantes, formando processos, dispondo do destino dos acusados, segundo seu alvedrio e má vontade, e indiretamente julgando sem nenhuma responsabilidade legal...pois que é sempre verdade que o inquérito que formulou tem que servir de base ao processo que vai ser completado em outro juízo.* (apud NEQUETE, v. 1, p. 85)

Este detalhe já havia sido percebido pelo Senador Thomaz Pompeu de Souza que, na sessão de 31 de julho de 1871, afirmou (BRASIL, 1871a, p. 217):

> Uma outra medida reclamada pela opinião pública, lembrada mesmo no discurso da Coroa como necessária e que esta reforma devia atender, era a separação completa da polícia e da justiça; entretanto o projeto que se acha em discussão

> não separa uma cousa da outra tão completamente como convinha. Os delegados e subdelegados não julgam mais, é verdade, porém preparam os processos dos crimes do art. 12 § 7o do código do processo; e, se como disse muito bem o honrado Sr. ministro da justiça, o julgamento não é mais do que a consequência dessas premissas, segue-se que o juiz tem necessariamente de julgar pelos olhos dos delegados e subdelegados que lhe preparam as premissas para tirar a consequência.

As críticas direcionadas ao inquérito policial também foram registradas no relatório elaborado, em 1875, pelo Ministério da Justiça (publicado em 1876). Na oportunidade, o Desembargador Inocêncio M. A. Góes, então presidente da Relação da Bahia, apontou duas fragilidades relacionadas ao inquérito policial. A primeira, dizia respeito ao retardamento da marcha processual, enquanto que a segunda, relacionava-se à proeminência do elemento policial na administração da justiça (BRASIL, 1877, p. 557):

> Quanto aos inquéritos policiais de que tratam o § l, art. 10 da lei n. 2033, art. 38 e seguintes do respectivo regulamento, parece-me que, para quem tem estudado com atenção a marcha dos processos atualmente, não há duas opiniões discordes. É uma necessidade imprescindível a abolição deles. Com os inquéritos a administração da justiça nada tem melhorado, e, pelo contrario, eles a têm retardado consideravelmente, de modo que é um impossível o cumprimento do art. 148 do código do processo criminal, segundo anteriormente já deixei notado, quando falei dos juízes substitutos, funcionando por delegação dos juízes de direito.
>
> [...]
>
> Os inquéritos, como base para a formação da culpa, dão extraordinária supremacia à autoridade policial, pois será difícil a qualquer autoridade judiciária, em presença de uma larga inquirição de testemunhas concludentes e contestes,

> atestando um fato e seu autor, deixar de pronunciá-lo como indiciado no crime imputado, donde resulta que a polícia, em vez de ser auxiliadora da justiça, esta é que receberá as suas inspirações daquela. A polícia, investida da faculdade dos inquéritos e mais atos concernentes à verificação do crime e descobrimento do seu autor, ocupa sem dúvida um lugar assaz importante; é quase que o verdadeiro juiz, e sem a responsabilidade da decisão, sofismando-se assim o princípio da separação das funções respectivas.

Com a proclamação da República, em 15 de novembro de 1889, a unidade processual do país viria a ser rompida (MARQUES, 1998, p. 104), situação que dificulta o acesso às fontes históricas diante da fragmentação do acervo a ser analisado.[7] Ao tratar deste período, ALMEIDA JUNIOR (1911,v. 1, p. 201) afirma que "Os Estados, em geral, mantiveram, com poucas variantes, a organização judiciária e policial e o processo do tempo do Império". Ainda que o período que tenha se seguido à proclamação da República não seja objeto deste trabalho, algumas considerações de natureza histórica sugerem que a avaliação deste autor mereça ser encarada, ao menos, com reservas. Isso porque há registros históricos de legislações que, editadas à época, podem ser encaradas como tentativas de

7. Em pesquisa realizada pelo Tribunal de Justiça do Estado do Rio de Janeiro sobre o funcionamento do Tribunal de Relação do Estado, entre 1891 e 1894, esta dificuldade de acesso à legislação da época é assim ilustrada: "Esta legislação não existe em formato digital, encontra-se de maneira esparsa, na Imprensa Oficial fluminense. Nenhuma instituição ou biblioteca, no Rio de Janeiro, a possui integralmente, senão fasciculada em coleções restritas a pequenos períodos. Trata-se de material volumoso, na forma de leis, decretos-leis, decretos-legislativos etc. fruto da fase de transição das instituições provinciais para aquelas de feição federativa." (https://portaltj.tjrj.jus.br/documents/10136/21832/pesquisa-relacao.pdf> Acesso em 19/08/2019, às 11h44min, horário de Brasília).

alteração na forma como efetivada a investigação criminal. É o caso, por exemplo, do Decreto 8.259/1910, editado em 29 de setembro de 1910, pelo então presidente da República Nilo Peçanha, por meio do qual foi veiculado Código de Processo Criminal para o Distrito Federal (BRASIL, 1910).

Neste código, há elementos que indicam, não só, a tentativa de separação funcional entre Polícia e Justiça como, também, o estabelecimento de uma relação funcional instrumental entre investigação criminal e Ministério Público. O código previa que a atividade de "polícia judiciária" seria "exercida pelas autoridades da polícia do Distrito Federal e tem por fim verificar a existência de crimes comuns ou de contravenções" (art. 9º). Mais à frente, o artigo 13º previa que os autos em que se reduzissem a termo as investigações "servirão apenas de esclarecimento ao ministério público", de modo que os autos da investigação "Não se juntarão ao processo, quer em original, quer por certidão, sendo pelo juiz devolvidos à autoridade policial, uma vez recebida a denúncia, ou arquivados, se não couber ação criminal" (BRASIL, 1910).

Dois comentários, a respeito destes dispositivos. O primeiro: o Decreto não associa a expressão "inquérito policial" ao conceito de investigação. A conjunção "inquérito policial", na verdade, não é sequer utilizada pelo Decreto 8.259/1910, que trata, genericamente, da "investigação". Vide, por exemplo, o art. 10, que prevê: "No caso de flagrante delito ou quando lhe chegue a noticia de se ter praticado algum crime comum em que caiba ação pública, a autoridade policial procederá à respectiva investigação".[8]

8. Outros dispositivos em que o Decreto 8.245/1910 menciona o termo "investigação", sem associação direta à expressão "inquérito policial": art. 12, caput

Outro exemplo diz respeito ao art. 32, cuja redação parece ter servido de inspiração ao atual art. 17 do CPP/1941, em que constava: "A autoridade policial não tem competência para mandar arquivar qualquer investigação que haja iniciado".

O segundo comentário: ainda que a dinâmica processual pareça sugerir um modelo de juizado de instrução, com fases sucessivas destinadas à "instrução preparatória" (artigos 129-169), sentença de pronúncia ou absolvição *in limine* (artigos 185-193) e uma posterior fase de julgamento pelo júri (artigos 231-274) ou tribunal penal (artigos 283-293), o art.13 deste código acentua a ligação funcional essencial havida entre polícia judiciária e Ministério Público ao enfatizar o caráter de instrumentalidade entre as funções de investigação e exercício da ação penal. Tanto assim que, nos termos do art. 13º, já mencionado, a legislação determina, expressamente, que as informações colhidas durante a investigação "servirão apenas de esclarecimento ao ministério público".

Outro registro histórico que aponta para a necessidade de interpretação cautelosa da conclusão alcançada por ALMEIDA JUNIOR – acima apontada – diz respeito aos fortes indícios de que, mesmo nas primeiras décadas do período republicano, houve sérias tentativas de se alterar o regime da investigação criminal no Brasil. Em 1935, por exemplo, o "projeto Vicente Ráo" (MARQUES, 1998, p. 106) apresentou um diagnóstico relevante a respeito da estrutura fundamental da investigação criminal no país e, ao rejeitar este modelo sugeriu, com veemência, uma profunda revisão legislativa. Em sua exposição de

e parágrafos 5º e 7º, art. 13, art. 26, art. 27, art. 28, art. 29, art. 33, art. 35, art. 123, art. 124, art. 170, parágrafo 4º, art. 419 (BRASIL, 1910).

motivos, o anteprojeto apontou a *insuficiência* e a *ineficiência* do modelo de inquérito policial. Neste sentido (RÁO e FARIA, 1938, p. 155):[9]

> Uma inspeção, por mais ligeira que seja, das leis do processo penal vigentes, revela desde logo, a par de um lastimável atraso, uma evidente inadaptação às condições atuais de nossa vida social. Diga-se a verdade por inteiro e com coragem: — à apuração da responsabilidade criminal não se procede, hoje ainda, em juízo, mas perante a polícia. Esta, ao envez de se limitar às funções de investigação e de manutenção da ordem, forma o conteúdo do processo e, antecipando-se às autoridades judiciárias, pratica atos inequivocamente processuais, tais, por exemplo, as declarações do acusado e o depoimento das testemunhas, que toma por escrito. Ê ao que se chama "inquérito" ou seja, a peça donde o Ministério Público, raramente colaborador de sua feitura, extrai os elementos para a denúncia, escolhe a dedo o rol das testemunhas de acusação e colhe a indicação das demais provas, inicialmente constituídas, todas elas, pelo espírito obliterado, que a prática do oficio determina, da autoridade policial respectiva.

A solução oferecida pela comissão teria, como objetivo, separar, "efetivamente, a investigação da formação do processo", reconduzir "a polícia à função que lhe é peculiar" e restituir "à Justiça a plenitude de sua real competência (RÁO e FARIA, 1938, p. 156), o que seria alcançado, de acordo com o anteprojeto, pelo juizado de instrução. Ao tratar deste projeto de lei, MARQUES afirma (1998, p. 106):

---

9. Os principais objetivos deste projeto seriam, de acordo com MARQUES: "1º, restrições progressivas do Júri; 2º abolição do inquérito policial; 3º, equivalência de direitos, da sociedade e do acusado, no curso do processo" (1998, p. 106).

> A maior inovação do projeto era o juizado de instrução. Apesar das críticas que sofreu, foi com muito equilíbrio que o projeto disciplinou a matéria, mantendo a polícia judiciária ao lado do juiz instrutor, com a 'função investigadora que lhe é inerente, posta em harmonia e legalizada pela coparticipação do juiz'.

A decretação do Estado Novo acabou por impedir o avanço das discussões relacionadas ao "projeto Ráo" (MARQUES, 1998, p. 107) mas o resgate da unidade processual, por meio da Constituição de 1934 abriu as portas para a edição, em 1941, do Código de Processo Penal atualmente em vigor (CPP/1941) (BRASIL, 1941a). Em sua exposição de motivos, o Ministro Francisco Campos rejeita, explicitamente, o estabelecimento de juizados de instrução e resgata a estrutura do inquérito policial, mantido enquanto "processo preliminar ou preparatório da ação penal, guardadas as suas características atuais." (BRASIL, 1941b). O item IV da exposição de motivos é dedicado, integralmente, a justificar esta opção. Nota-se que a justificativa para a manutenção do inquérito policial não se fundamentou em razões de natureza jurídica ou relacionadas à busca por melhoria da atividade de investigação. Os fundamentos invocados indicam, na verdade, que a manutenção do inquérito policial atendeu a interesses bem mais pragmáticos, de conveniência político-administrativa. Para o então Ministro da Justiça, a "realidade brasileira" impediria (ou dificultaria) a lotação de juízes em localidades distantes do território nacional. Ele prosseguiu (BRASI, 1941b):

> Foi mantido o inquérito policial como processo preliminar ou preparatório da ação penal, guardadas as suas características atuais. O ponderado exame da realidade brasileira, que não é apenas a dos centros urbanos, senão também a dos remotos

> distritos das comarcas do interior, desaconselha o repúdio do sistema vigente.
>
> O preconizado juízo de instrução, que importaria limitar a função da autoridade policial a prender criminosos, averiguar a materialidade dos crimes e indicar testemunhas, só é praticável sob a condição de que as distâncias dentro do seu território de jurisdição sejam fácil e rapidamente superáveis. Para atuar proficuamente em comarcas extensas, e posto que deva ser excluída a hipótese de criação de juizados de instrução em cada sede do distrito, seria preciso que o juiz instrutor possuísse o dom da ubiquidade. De outro modo, não se compreende como poderia presidir a todos os processos nos pontos diversos da sua zona de jurisdição, a grande distância uns dos outros e da sede da comarca, demandando, muitas vezes, com os morosos meios de condução ainda praticados na maior parte do nosso hinterland, vários dias de viagem, seria imprescindível, na prática, a quebra do sistema: nas capitais e nas sedes de comarca em geral, a imediata intervenção do juiz instrutor, ou a instrução única; nos distritos longínquos, a continuação do sistema atual. Não cabe, aqui, discutir as proclamadas vantagens do juízo de instrução.

É dura a crítica de MARQUES (1998, p. 107-108), ao CPP/1941, legislação que o autor afirma "estacionária" e que, segundo ele "não se afastou de nossas tradições legislativas. Manteve o inquérito policial, configurando-o tal como o herdamos do Império através da reforma de 1871". Esta situação, no entanto, permanece ainda hoje, considerando que, a despeito das inúmeras reformas processuais penais do século XX, nenhuma delas alcançou, ainda, a estrutura dogmática da investigação criminal (arts. 4º a 23 do CPP/1941). Registre-se, além disso, que a expressão, *inquérito policial*, foi, a partir de 1988, consagrada na própria CRFB/88 (curiosamente, em dispositivo que trata das atribuições do Ministério Público, como se verá adiante).

2.6. A INTERSEÇÃO ENTRE AS ATIVIDADES POLICIAL E JUDICIAL

O recurso às fontes históricas sugere que o Brasil do século XIX – e, por que, não, da primeira metade do século XX – foi palco de intensas controvérsias a respeito da atuação funcional de instituições que, à época, executavam as atividades de "polícia" e de "justiça". No centro dos debates relacionados à modelagem da Justiça Criminal brasileira, encontrava-se, justamente, a questão relacionada aos modos de se promover a investigação criminal, ora matéria de "polícia", ora matéria de "justiça".

Por outro lado, conforme pretendi demonstrar na introdução, ainda hoje, mesmo que sob perspectivas as mais variadas, não há consenso a respeito de como devem interagir as instituições que concorrem para a investigação criminal, atividade esta que é fundamental para o Estado na medida em que lhe permite colocar em prática o exercício da jurisdição penal e por conseguinte, de sua política criminal (CUNHA, 2019, p. 25-66).

Devo reiterar, contudo, que não pretendo estabelecer paralelos absolutos entre o ontem e o hoje, o que significaria desrespeitar a alteridade do passado (COSTA, 2010, p. 47-53). O que pretendo, isto sim, é oferecer instrumentos teóricos que permitam, ao jurista do século XXI, enxergar o presente a partir da experiência jurídica (GROSSI, 2014, p. 29) de então, na expectativa de que ela contribua para se encarar o presente com um olhar crítico. Sob esta perspectiva, a apreensão desta experiência jurídica é relevante para o jurista do século XXI, apesar da sensível alteração do ambiente institucional brasileiro, especialmente a partir de 1988. Melhor dizendo: o conhecimento desta experiência é relevante, na verdade, *justamente porque* o jurista do presente vivencia outra realidade institucional. Realidade esta que, apesar de distinta, projeta ao pesquisador da Justiça Criminal brasileira, questionamentos que podem ser melhor encarados a partir do confronto com experiências pretéritas.

Conforme ressaltado ao longo deste capítulo, a alternativa oferecida pela reforma judiciária de 1871 à confusão entre "polícia" e de "justiça" foi o estabelecimento de um procedimento exclusivamente policial, prévio à atuação do Poder Judiciário. O inquérito policial nasceu, neste contexto, como instrumento de autonomia do então Poder Judicial frente a um Executivo que, desde 1841, detinha em suas mãos a iniciativa completa da instrução criminal. Esta alternativa, no entanto, ainda que tenha separado a "justiça" da "polícia", não criou mecanismos para que estabelecessem uma "relação de controle efetivo da primeira sobre a segunda" (KOERNER, 2010, p. 101), de modo que a inciativa para a instrução criminal permaneceu, em grande parte, nas mãos da Polícia, cujos "delegados e subdelegados não julgam mais, é verdade, porém preparam os processos", fazendo com o que o juiz tenha "necessariamente de julgar pelos olhos dos delegados e subdelegados que lhe preparam as premissas para tirar a consequência" (BRASIL, 1871a, p. 217). Não por outro motivo, nas razões do "projeto Vicente Ráo" conste – talvez com um certo exagero – que "à apuração da responsabilidade criminal não se procede, hoje ainda, em juízo, mas perante a polícia" (RÁO e FARIA, 1938).

O inquérito policial, neste contexto, teve dupla consequência: delimitou uma *área de atuação exclusiva da polícia* e uma *área de não atuação* do Poder Judiciário. A este procedimento policial foi atribuída, no entanto, uma função *quase judicial*, destinada à preparação das futuras ações penais. A instituição do inquérito policial demonstrou ser, assim, uma solução insuficiente e ineficiente: ao tempo em que a Polícia permaneceu com a iniciativa para a instrução processual, recebeu parcela considerável de autonomia, passando a agir, no decorrer da investigação criminal, sem o estabelecimento de controles efetivos sobre si.

Foi a esta lacuna entre ambas as atividades que o "projeto Vicente Ráo" pretendeu oferecer uma alternativa, qual seja, separar, "efetivamente, a investigação da formação do processo", de modo a reconduzir "a polícia à função que lhe é peculiar e restitui[r] à Justiça a plenitude de sua real competência" (RÁO e FARIA, 1938). E esta alternativa seria, justamente, o juizado de instrução. A partir do quadro esquemático inserido na própria justificação do projeto, a interação entre autoridades judicial e policial ocorreria da seguinte forma:

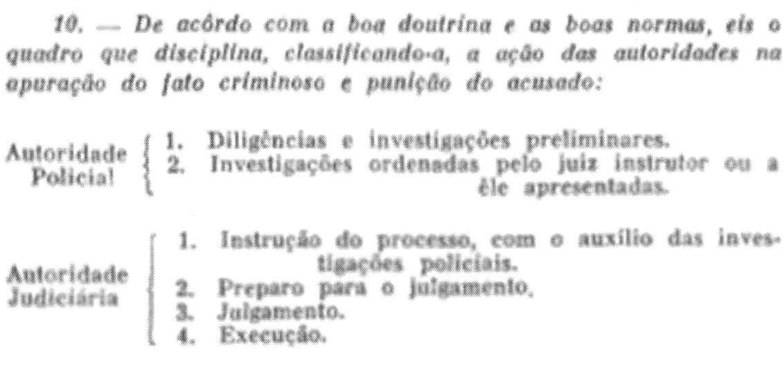
10. — De acôrdo com a boa doutrina e as boas normas, eis o quadro que disciplina, classificando-a, a ação das autoridades na apuração do fato criminoso e punição do acusado:

Autoridade Policial
1. Diligências e investigações preliminares.
2. Investigações ordenadas pelo juiz instrutor ou a êle apresentadas.

Autoridade Judiciária
1. Instrução do processo, com o auxílio das investigações policiais.
2. Preparo para o julgamento.
3. Julgamento.
4. Execução.

Figura 1: ação das autoridades judicial e policial, de acordo com o projeto de Código de Processo Penal da República dos Estados Unidos do Brasil (RÁO e FARIA, 1938)

Conforme apontado acima, no entanto, o "projeto Vicente Ráo" acabou não sendo aprovado e, em 1941, seria decretado o (ainda) atual Código de Processo Penal, que, consciente e deliberadamente, manteve a opção pelo inquérito policial. Em consequência disso, o alargamento das funções policiais, em contraposição às judiciais, no âmbito da investigação criminal, foi propositalmente mantido, sendo que a justificativa para esta decisão assumiu contornos eminentemente políticos, e não jurídicos.[10] E esta permanece a realidade ainda hoje, considerando que as normas originárias do CPP/1941, que tratam do inquérito policial, não foram objeto de reforma.

Diante deste quadro, duas perguntas merecem ser feitas. A primeira: a CRFB/88 buscou normatizar a atividade de investigação criminal? A segunda: em caso positivo, ela oferece alguma alternativa às questões que envolvem o relacionamento entre as funções de "polícia" e "justiça"? Para se responder a estas perguntas, voltemos o olhar ao texto constitucional.

Uma leitura desatenta da CRFB/88 poderia sugerir que ela, apesar do seu conteúdo analítico, não teria regulamentado a atividade de investigação criminal. Ao se prosseguir na análise, contudo, verifica-se que o texto constitucional outorga atribuições específicas a cada uma das instituições que, de alguma forma, concorrem para esta atividade. Em outras palavras: ainda que a CRFB/88 não tenha regulamentado, diretamente,

10. Esta conclusão é alcançada a partir da seguinte frase, extraída da exposição de motivos do CPP/1941: "O preconizado juízo de instrução, que importaria limitar a função da autoridade policial a prender criminosos, averiguar a materialidade dos crimes e indicar testemunhas, só é praticável sob a condição de que as distâncias dentro do seu território de jurisdição sejam fácil e rapidamente superáveis." (BRASIL, 1941b).

a investigação criminal, algum impacto sobre esta atividade advém (ou deve advir) das normas que preveem atribuições à Polícia, ao Ministério Público e ao Poder Judiciário.

Esta análise dogmático-constitucional pode ir além. Conforme destacado na introdução, a jurisprudência do STF indica haver consenso a respeito da classificação teórica da Justiça Criminal brasileira pós-88 enquanto "acusatória" e, mais importante, que a matriz desta "acusatoriedade" seria a norma contida no art. 129, I da CRFB/88. A intensa densidade normativa deste dispositivo não pode, portanto, ser desprezada, como nos lembra a brusca revisão no entendimento do STF que, ao passar da ADI 1517 para a ADI 1570, reavaliou a (in)constitucionalidade material do "juiz-investigador.[11] Trata-se de norma que impacta fortemente nas interações recíprocas entre Polícia, Ministério Público e Poder Judiciário.

Outros dos incisos do próprio artigo 129, além disso, normatizam o relacionamento entre Ministério Público e Polícia. Enquanto o inciso VII trata do "controle externo da atividade policial" – norma absolutamente original no constitucionalismo brasileiro – o inciso IX atribui, ao Ministério Público, a prerrogativa de "requisitar" a realização de diligências investigativas e a instauração de inquéritos policiais. Esta é, diga-se, de passagem, a única oportunidade em que a expressão "inquérito policial" aparece na CRFB/88, justamente em

11. Conforme análise feita primeiro capítulo Se, num primeiro momento, a Corte entendeu que a figura do "juiz-investigador" seria compatível com a ordem pós-88, já num segundo momento, ao adotar como parâmetro de controle também a norma inserida no art. 129, I da CRF/88, o tribunal decidiu de forma absolutamente diversa.

um dispositivo que prevê atribuições ao Ministério Público, e não à Polícia.

A resposta à primeira pergunta feita acima é, neste sentido, positiva: é possível se extrair da CRFB/88, um "regime jurídico" próprio à investigação criminal. Este regime decorre da interpretação sistêmica das normas que outorgam funções aos agentes que concorrem para esta atividade.

Passo à resposta da segunda pergunta: o regime jurídico extraído da CRFB/88 insere o Ministério Público, estrategicamente, na interseção entre as atividades de "polícia" e de "justiça". É ao Ministério Público a quem o texto constitucional outorga atribuições de natureza dúplice: tanto administrativas (art. 129, VII e IX) quanto judiciais (art. 129, I). Este rol de atribuições lhe permite interagir concomitantemente com Polícia e Poder Judiciário antes, durante e depois da investigação criminal.

É por este motivo que o entendimento sobre a dinâmica organizacional da investigação criminal depende, num primeiro momento, da extração do sentido e alcance das normas inseridas no art. 129, incisos I, VII e IX da CRFB/88. É a partir delas que se deve iniciar a conformação de um regime jurídico próprio desta atividade e é também a partir delas que se deve avaliar o impacto da ordem pós-88 na legislação infraconstitucional – especialmente quanto ao CPP/1941.

Em outras palavras: o preenchimento do conteúdo do "nosso sistema acusatório" passa, necessariamente, pelo correto entendimento das funções outorgadas, pela CRFB/88, ao Ministério Público.

3. MINISTÉRIO PÚBLICO, JUSTIÇA CRIMINAL E INVESTIGAÇÃO CRIMINAL

A breve digressão histórica realizada no capítulo anterior demonstrou que o Brasil do século XIX foi palco de intensos debates a respeito de como se deveriam relacionar as atividades de "polícia" e de "justiça". O CPP/1832 serviu, neste contexto, como projeção, no âmbito judiciário, da busca por intensa descentralização política. Os defeitos da nova legislação, contudo, já eram apontados por magistrados e em relatórios dos ministros da justiça, tanto assim que, em 3 de outubro de 1833, criou-se comissão legislativa com o objetivo de reformar a então recém-criada legislação judiciária. Os apontados defeitos do CPP/1832 incluíam desde questões operacionais – como a dificuldade na reunião das juntas de paz e realização dos júris, especialmente o de acusação – desde insatisfações voltadas à atuação dos próprios juízes de paz, considerados despreparados para o exercício de suas funções. O rol de críticas à nova estrutura judiciária era complementado pela percepção de impunidade, atrelada às elevadas taxas de absolvição (VELLASCO, 2007).

Por outro lado, o acentuado fortalecimento das províncias – consequência da virada descentralizadora iniciada na década de 1830, cujos marcos legislativos são o CPP/1832 e o Ato Adicional de 1834 – fez com que as facções políticas locais passassem à centralidade na disputa pelo poder. CARVALHO aponta que, em uma década, operou-se, no Brasil, "o fenômeno centrífugo que se verificara na colônia espanhola após a prisão de Carlos IV e Fernando VII" com a eclosão de revoltas federalistas e, em alguns casos, separatistas (2017, p. 90).

Sob o risco da fragmentação política e territorial, renuncia o regente Feijó e assume o poder Pedro de Araújo Lima. Iniciada a virada conservadora, o Regresso teve como objetivo "devolver ao governo central os poderes que perdera com a legislação centralizadora da Regência, sobretudo com o Ato Adicional de 1834 e com o Código de Processo Criminal de 1832" (CARVALHO, p. 235), tarefa realizada com a edição da Lei de Interpretação ao Ato Adicional (1834) e com a reforma judiciária operada pela lei de 3 de dezembro de 1841.

A lei de 3 de dezembro provocou fortes impactos nas atividades de investigação criminal e formação de culpa. Esvaziadas as atribuições dos juízes de paz, foram elas transferidas a servidores vinculados hierarquicamente ao Ministério da Justiça.[1] Aos delegados e subdelegados também foram previstas atribuições de conceder fiança, pronunciar determinados delitos, expedir mandados de busca e realizar prisões. VELLASCO (2007) apresenta indícios de que a reforma, além da evidente centralização operada – e, talvez, por conta desta centralização –, resultou em maiores taxas de condenação.

---

1. "O Código de Processo havia feito dos juízes de paz o elemento ativo da justiça criminal; a reação conservadora substituíra esse mecanismo eletivo popular pela polícia, que foi centralizada nas capitais, com a criação dos chefes, e unificada nas mãos do ministro da justiça" (NABUCO, 1897,p. 192).

As alternativas apresentadas pela reforma judiciária de 1841, no entanto, tampouco foram unânimes. A partir da edição da lei de 3 de dezembro, foram apresentadas e discutidas propostas para reformá-la, sob o argumento de que a estrutura policial-judiciária então desenhada feriria a independência do Poder Judicial e vulneraria garantias individuais sensíveis. Apesar das contundentes críticas disparadas pelo partido liberal contra este modelo, "no governo, porém, de 1844 a 1848, ele [o partido liberal] nunca seriamente pensou em reformar a lei de 1841" (NABUCO, 1897, p. 192). Nenhuma das facções políticas pretendia arriscar comprometer a "máquina de governabilidade" erigida em 1841 (VELLASCO, 2007, p. 209). Nesta esteira, a reforma judiciária de 1871 foi tímida ao propor o instrumento do inquérito policial enquanto alternativa à centralização da Justiça Criminal.

Vê-se, neste contexto, que diferentes concepções de Justiça Criminal foram propostas e colocadas em prática ao longo do século XIX o que, a seu turno, gerou impactos relevantes em como os atores responsáveis por exercer a atividade de investigação criminal agiam e interagiam reciprocamente. Assim, se durante o século XIX, os legisladores brasileiros enfrentaram o desafio de criar novas instituições e de moldar os limites mútuos entre o que se denominava "polícia" e "justiça", o desafio que se coloca, a partir do século XX, é o de extrair o conteúdo desta relação a partir da ordem constitucional de 1988 e do arranjo institucional por ela desenhado.

O presente capítulo será dedicado, portanto, à investigação dogmática das atribuições constitucionais criminais do Ministério Público. Esta análise buscará compreender como a CRFB/88 o posiciona no sistema de Justiça Criminal e como esta sua posição institucional lhe permite interagir, dinamicamente, com a Polícia e com o Poder Judiciário, no âmbito da investigação criminal.

3.1. O MINISTÉRIO PÚBLICO NO BRASIL: BREVE HISTÓRICO LEGISLATIVO

A consagração do Ministério Público enquanto *instituição* verdadeiramente autônoma deve-se à CRFB/88. Ainda que a legislação infraconstitucional tenha, especialmente ao longo do século XX, promovido sensíveis reformas em suas atribuições, foi a ordem constitucional de 1988 que as consolidou em definitivo e, fazendo-o, posicionou o Ministério Público enquanto ator fundamental do Sistema de Justiça Brasileiro.

Não seria exagerada a afirmativa de que, durante o século XIX, o Ministério Público não existia enquanto *instituição*. O que o CPP/1832, alterado pelas reformas de 1841 e 1871 previa, na verdade, eram as atribuições criminais dos *promotores públicos*. Como afirmou o deputado Bello, durante a sessão do Parlamento Imperial de 30 de julho de 1857, ao reclamar a criação de uma *instituição Ministério Público*, "entre nós verdadeiramente não existe ministério público, a promotoria não pode satisfazer as necessidades desta instituição" (BRASIL, 1857, p. 140).[2-3]

---

2. "O pequeno prestígio da Instituição à época, foi bem refletido no seguinte passagem de Sérgio de Andréa Ferreira, citada por GARCIA: "O Código de Processo Criminal de 1832, reformado em 1841, colocou o *Parquet* em posição subalterna, bastando dizer que ocorria o seguinte, à época: os eleitores podiam ser jurados; os jurados podiam ser promotores; um analfabeto, que podia ser eleitor e jurado, estava apto, portanto, a ser promotor. Por isso, segundo alguns, o primeiro diploma legal que, no Brasil, realmente tratou o Ministério Público como instituição foi o Decreto Federal n. 1.030, de 14 de novembro de 1890" (2014, p. 91).

3. Mesmo à época, contudo, a necessidade de se criar uma *instituição*, estruturada e dotada de atribuições próprias, apartada do Poder Judiciário, já era debatida

Com o advento da República, a regulamentação do Ministério Público assumiu contornos mais sistemáticos, promovida que foi pelos Decretos 848, de 11 de outubro de 1890 e 1.030 de 14 de novembro de 1890 (no âmbito do Distrito Federal). Já na virada para o século XX, as funções do Ministério Público na área criminal passaram a ser regulamentadas com ainda maior sistematicidade pelo CPP/1941, responsável pela retomada do caráter nacional da legislação processual penal. Já na segunda metade do século XX, o Ministério Público passaria a ser regulado pela Lei Complementar 40/1981, responsável por atribuir-lhe os princípios da unidade, indivisibilidade e autonomia funcional, além de lhe estruturar enquanto instituição "permanente e essencial à função jurisdicional do Estado" e outorgar-lhe o exercício da ação penal pública e da ação civil pública. Anos depois, em 1988, a CRFB/88 constitucionalizaria a estrutura organizacional da instituição

no parlamento imperial. De acordo com as propostas originais, todavia, a vinculação desta instituição ainda se daria em relação ao Poder Executivo. No parecer das comissões de justiça civil e criminal, lido na sessão da Câmara dos Deputados, em 10 de julho de 1848, justifica-se a criação do Ministério Público com o objetivo de dirigir a polícia judiciária nos seguintes termos: "Creárão o ministério público cuja necessidade era tão vivamente sentida entre nós; organisárãon'o regularmente, centralisárão quanto poderão a sua acção para que seja prompta, uniforme e benefica. Derão-lhe não só a incumbência de toda a policia judiciaria, que em regra lhe deve que pertencer, como também a de ser o representante, o orgão, o procurador legitimo da sociedade e do governo em todas as questões de interesse publico que se agitarem perante o poder judiciário, e que até agora corrião, por assim dizer, à revelia. Pelo ministério publico, o governo terá o meio de exercer governo a acção que lhe compete na boa administração da justiça, sem intervir tão directa e abusivamente no podar judiciário, como até agora succedia ; ao passo que este, mais independente, desprevenido e imparcial, se limitará ao seu caracter passivo de não receber ordens, não administrar, mas applicar a lei ao facto ; e simplesmente julgar" (BRASIL, 1880, p. 49) e aprofundaria as suas atribuições na Justiça Criminal, o que viria a ser regulamentado pela Lei Complementar 73/1995 e Lei 8.625/1993.[4]

3.2. O MINISTÉRIO PÚBLICO NA CRFB/1988

A CRFB/88 não só consagrou atribuições anteriormente conferidas ao Ministério Público pela legislação infraconstitucional (especialmente a LC 40/91) como foi além, ao lhe regulamentar, materialmente, enquanto magistratura[5]. Esta classificação – apesar de ser pouco usual no Brasil – decorre de sua formatação constitucional e da natureza das atribuições que exerce. O exercício deste verdadeiro *ministério* (cujas funções encontram-se exemplificativamente enumeradas no art. 129 da CRFB/88) é, de acordo com a própria CRFB/88 (Título IV, Capítulo IV da CRFB/88), *essencial* à função jurisdicional do Estado. Assim, ainda que o Ministério Público não seja, formalmente, Poder (art. 2º da CRFB/88), é disciplinado, pelo texto constitucional, como se materialmente o fosse.

O art. 52, II da CRFB/88, por exemplo, prevê que o Procurador-Geral da República é sujeito ativo de crimes de responsabilidade e que, por isso, é passível de julgamento pelo Senado Federal. Já o art. 85, II tipifica como crime de responsabilidade do Presidente da República a prática de eventuais

4. Para uma análise do processo constituinte em relação ao Ministério Público, ver: KERSCHE (2010).

5. Ainda assim, mesmo sob a égide da CRFB/88, o STF decidiu, nos autos da ADI 132/RO (BRASIL, 2003), que o Ministério Público seria integrado à estrutura do Poder Executivo. Este entendimento, todavia, parece desconsiderar a literalidade da CRFB/88 (art. 2º) como, também, a organização material da instituição.

atos que atentem contra "o livre exercício do Poder Legislativo, do Poder Judiciário, do Ministério Público e dos Poderes constitucionais das unidades da Federação" (BRASIL, 1988).

Em termos de organização institucional, é nítido o propósito da CRFB/88 de assegurar-lhe regime jurídico análogo ao da magistratura. O art. 68, parágrafo 1º, I, por exemplo, veda a possibilidade de delegação legislativa, a respeito da "organização do Poder Judiciário e do Ministério Público, a carreira e a garantia de seus membros". O art. 127, parágrafos 2º e 3º, por outro lado, garantem, à instituição, autonomias funcional e administrativa, enquanto que o art. 168 da CRFB/88 lhe assegura autonomia orçamentária, mediante garantia de recebimento dos duodécimos.

As garantias e vedações, asseguradas e impostas, pela CRFB/88, aos membros da instituição, também são projeções daquelas que asseguram a independência da magistratura judicial. O art. 128, parágrafo 5º, inciso I, neste contexto, prevê as garantias da vitaliciedade, inamovibilidade e irredutibilidade de subsídios, enquanto que o inciso II veda, dentre outras hipóteses, o exercício de atividade político-partidária, a participação em sociedade comercial e a acumulação de "qualquer outra função pública", salvo uma de magistério. O regime imposto pelo art. 128 da CRFB/88 deve ser interpretado em conjunto, ainda, com o art. 96, parágrafo único, V, que impede o exercício da advocacia pelo período de três anos, junto ao tribunal ou juízo em que o membro do Ministério Público funcionou, após a sua aposentadoria ou exoneração.

Na jurisprudência do STF, a equivalência entre as magistraturas judicial e ministerial também é reconhecida. Ao sustentar a existência de um "regime jurídico paritário" entre

Poder Judiciário e Ministério Público, o STF afastou a submissão de controles administrativos exercícios pelo Conselho Nacional do Ministério Público em relação à Procuradoria-Geral da República, conforme decidido nas medidas cautelares na ação direta de inconstitucionalidade n. 6.028/MG (BRASIL, 2018b) e no mandado de segurança n. 35.955/DF (BRASIL, 2018c). Este entendimento replica, para o Ministério Público, a visão do STF de que, ele próprio, não se submeteria aos controles administrativos do Conselho Nacional de Justiça, conforme decidido na ação direta de inconstitucionalidade n. 3.367/DF (BRASIL, 2005).

Se a organização administrativa do Ministério Público é análoga - mas não idêntica - à da magistratura judicial, isso se justifica por conta da natureza das atividades desempenhadas pela instituição. O Ministério Público, também sob a perspectiva teleológica é instituição voltada ao exercício, pelo Estado, de sua soberania. Isso porque, ao promover – ou não – a ação penal pública, "a atuação do Ministério Público condiciona o direito de punir do Estado" (MAZZILLI, 2002)[6] e, por

---

6. "Com efeito, no exercício da ação penal pública, a atuação do Ministério Público condiciona o direito de punir do Estado (...) Ora, na fase pré-processual, o Ministério Público exerce uma parcela direta da soberania do Estado porque decide incontrastavelmente se propõe ou não a ação penal pública. Assim, se o Ministério Público insistir no arquivamento das investigações, nem mesmo o Poder Judiciário poderá determinar que ele promova a ação penal pública (Constituição, art. 129, I; Cód. de Processo Penal, art. 28). Naturalmente, depois de proposta a ação penal pública, a partir da instauração do processo penal passará a caber ao órgão jurisdicional decidir absolutamente sobre a imputação inicial.

   O Ministério Público detém, pois, uma parcela direta da soberania do Estado; é órgão da soberania do Estado e não apenas órgão de um dos seus Poderes. Isso não obsta, entretanto, a que suas funções mantenham natureza administrativa.

conseguinte, da própria jurisdição criminal. Esta, que talvez ilustre a mais intensa e enérgica manifestação de sua soberania, depende da atuação de duas magistraturas[7]: uma dinâmica, destinada a movimentar a jurisdição; outra inerte, destinada a decidir sobre a viabilidade, ou não, da acusação criminal.

Verifica-se, portanto, que a CRFB/88 pretendeu fosse o exercício da jurisdição criminal condicionada à atuação concorrente de duas instituições. A ambas, o texto constitucional outorgou garantias e a seus membros impôs vedações que lhes garantissem afastamento do ambiente político-partidário ao mesmo tempo em que lhes assegurassem autonomia funcional e administrativa.

3.2.1. O Princípio do Promotor Natural

O regime jurídico-constitucional do Ministério Público não é composto, unicamente, por normas explícitas. A jurisprudência do STF consagrou um princípio que, decorrente do regime jurídico-constitucional do Ministério Público, afirma-se "implícito" ou "imanente" à Justiça Criminal brasileira. Trata-se do princípio do promotor natural, cuja normatividade aproxima ainda mais os regimes do Ministério Público e do Poder Judiciário.

O debate jurisprudencial mais intenso a respeito do tema ocorreu nos autos do HC 67.759/RJ (BRASIL, 1992),

---

Promover a ação penal é tarefa administrativa: o poder de dar execução às leis e o interesse de Justiça são tarefas administrativas, como bem o demonstraram os estudos de Manzini e Leone." (MAZZILLI, 2002).

7. Em sentido semelhante, ÁVILA inclui o Ministério Público em um "conceito amplo de Poder Judiciário" (2016a, p. 48).

por meio do qual o STF foi instado a decidir duas questões fundamentais relacionadas ao princípio: (i) se a CRFB/88 o teria, de fato, consagrado; e (ii) em caso positivo, qual seria a sua eficácia normativa. Ressalve-se, inicialmente, que o julgamento ocorreu em agosto de 1992, ou seja, menos de quatro anos após a promulgação da CRFB/88 e menos de um ano antes da edição das leis orgânicas dos Ministérios Públicos da União e dos Estados. Esta informação é relevante para a exata contextualização dos debates a seguir apresentados.[8]

Por meio do *habeas corpus* o impetrante afirmava a ilegalidade de ato do Procurador-Geral de Justiça do Estado do Rio de Janeiro (PGJ/RJ), por meio do qual se havia designado promotor de justiça – distinto do promotor a quem, originalmente, os autos haviam sido distribuídos – para atuar em inquéritos que investigavam o possível crime de tráfico de drogas.[9] A defesa técnica, neste contexto, alegava que a designação efetivada pelo PGJ violaria o princípio do promotor natural. Ao final do julgamento, o STF não concedeu a ordem de *habeas corpus* de modo que, em tese, poder-se-ia cogitar que a Corte teria afastado a consagração do princípio pela ordem constitucional de 1988. O debate, no entanto, foi mais sutil. O ponto fundamental discutido disse respeito à eficácia das normas constitucionais que, editadas em 1988, previam o reformado regime jurídico do Ministério Público.

---

8. Estas leis viriam a ser editadas poucos meses depois do julgamento. A orgânica do Ministério Público nos Estados (Lei n. 8625/93) viria a ser editada em 12 de fevereiro de 1993 e a Lei Orgânica do Ministério Público da União (LC 75/93) viria a ser editada em e 20 de maio de 1993.

9. O PGJ designou promotor de justiça para atuar no inquérito 32/89 e todos os inquéritos dele decorrentes, no âmbito da "operação bandeja".

Os votos podem ser divididos em dois grandes grupos. No primeiro grupo, consta a rejeição ao princípio, posição capitaneada pelo voto do Ministro Paulo Brossard e seguida pelos Ministros Octavio Gallotti, Néri da Silveira e Moreira Alves. O Ministro Sidney Sanches, apesar de também considerar não afirmado o princípio na CRFB/88, consignou expressamente entender possível (e adequada) a sua previsão em lei. Neste primeiro grupo, todos os votos foram pela não concessão da ordem de *habeas corpus*.

O segundo grupo é composto pelos Ministros Celso de Mello (relator), Sepúlveda Pertence, Carlos Velloso e Marco Aurélio. Em seus votos eles reconheceram, explicitamente, que a CRFB/88 alterou o regime jurídico do Ministério Público de modo a, mitigando-se as atribuições administrativas do respectivo Procurador-Geral, conferir-se maior autonomia funcional aos membros da instituição. Este novo regime jurídico impediria ao PGJ, a seu único e exclusivo critério, promover remoções e redesignações de membros.[10] Neste se-

10. A bem da verdade, o Ministro Sepúlveda Pertence rejeitou o emprego da expressão "promotor natural", o que fica evidente em aparte por ele promovido e que consta na parte final do acórdão: "Mas preciso deixar claro que a expressão 'promotor natural', se a usei, foi por mera simplificação. No meu voto, ao que me lembro, disse claramente que não cedia a essa perigosa tentação de tratar os problemas do Ministério Público com a similitude absoluta com a Magistratura, quando há dois princípios, também constitucionais – a unidade e a indivisibilidade do Ministério Público – a impor a nítida diferenciação entre as duas instituições". O conteúdo desta ressalva, no entanto, é menos intenso do que aparenta ser. Ainda que tenha refutado o emprego da expressão por considerar que os princípios da unidade e indivisibilidade importariam em maior amplitude, no Ministério Público, do poder hierárquico, o exemplo que ele oferece da projeção deste poder hierárquico mais acentuado passa, por exemplo pela criação de "grupos especiais de promotores, dedicados a matérias específicas", o que é prática comum, atualmente, especialmente diante da designação de

gundo grupo, os Ministros Marco Aurélio, Sepúlveda Pertence e Carlos Velloso concederam a ordem, enquanto que o relator a denegou. A maioria formou-se, portanto, pela denegação da ordem de *habeas corpus*, tendo o acórdão sido redigido pelo relator, Ministro Celso de Mello. Apesar de não conceder a ordem, o Ministro relator, de todos os outros integrantes da Corte, foi aquele que mais ênfase conferiu ao debate a respeito do princípio.

Em seu voto, o relator afirmou a consagração do princípio pela CRFB/88 extraindo-o como decorrência necessária das normas constitucionais que previram a independência funcional do Ministério Público e a inamovibilidade de seus membros. A independência funcional, de um lado, garantiria a "ausência de subordinação hierárquico-normativa" do Ministério Público frente aos demais Poderes da República. Já a inamovibilidade, "fonte matricial" do princípio do promotor natural, resguardaria o "membro da Instituição, que não poderá, ressalvada a hipótese de interesse público, ser compulsoriamente removido ou afastado do seu cargo" (BRASIL, 1992).

Diante disso, o relator concluiu que o princípio do promotor natural é "imanente à disciplina constitucional" do Ministério Público. A despeito da assertiva contundente, o Ministro Celso de Mello ressalvou a necessidade de que a eficácia plena do princípio dependeria de interposição legislativa ordinária, o que se daria com a aprovação das leis orgânicas do Ministério Público o que, à época do julgamento, ainda não

forças-tarefa para acompanhamento de casos de complexidade maior ou da criação de grupos especiais de atuação. Sobre a criação de forças-tarefa e sua compatibilização com o princípio do promotor natural, ver: (PALUDO *et al.*, 2011) havia ocorrido. Neste contexto, ele entendeu aplicável (recepcionada) a norma prevista no art. 7º, V da Lei Complementar n. 40/81 (LC 40/1981) (BRASIL, 1981), que previa, como atribuição do Procurador-Geral, "designar, na forma da lei, membro do Ministério Público do Estado para o desempenho de funções administrativas ou processuais afetas à instituição". E, ao entender legítima a designação operada pelo PGJ/RJ, não concedeu a ordem de *habeas corpus*.

Próximo a votar foi o Ministro Sepúlveda Pertence. Ele concedeu a ordem de *habeas corpus* por entender que, de fato, o PGJ/RJ praticou ato administrativo que extrapolou as suas atribuições. Ao confrontar o mesmo dispositivo invocado pelo relator (art. 7º, V da LC 40/81) com a CRFB/88, todavia, o Ministro Pertence afirmou a sua incompatibilidade – ainda que parcial – com o texto constitucional. Ele afastou eventuais interpretações da norma que inseririam, no âmbito de atribuições dos Procuradores-Gerais, a possibilidade de promoverem remoções e designações monocráticas, sem o aval dos respectivos Conselhos Superiores. Ele adotou um conceito amplo de inamovibilidade – nos termos propostos pelo relator – e consignou que a norma constitucional que a previa (art. 128, parágrafo 5º, I, "b" da CRFB/88) impediria eventuais designações casuísticas e não amparadas no interesse público. Ao fazê-lo, portanto, interpretou o art. 7º, V da LC 40/81 à luz da nova disciplina constitucional.[11]

---

11. Este entendimento foi seguido pelo Ministro Carlos Velloso. Segundo ele, ainda que a estrutura do Ministério Público fosse compatível com o exercício de poderes administrativos mais intensos por parte do respectivo Procurador-Geral, eventual afastamento do membro de suas funções dependeria da observância do procedimento mencionado no art. 128, parágrafo 5º, I, "b" da

A despeito da não concessão da ordem de *habeas corpus*, extrai-se do acórdão a visão de que a ordem constitucional de 1988 teria, de fato, alterado o perfil institucional do Ministério Público, especialmente a partir da previsão das garantias de independência funcional e inamovibilidade. Em seu voto, o Ministro Celso de Mello ressaltou a existência, à época, de um processo de "institucionalização do Ministério Público" em cujo âmbito a instituição teria emergido "sob o signo da legitimidade democrática". Em decorrência de seu posicionamento original na estrutura constitucional brasileira, afirmou o Ministro relator que "instituiu o legislador constituinte um sistema de garantias destinado a proteger o membro da Instituição [...], cuja atuação independente configura a confiança de respeito aos direitos, individuais e coletivos, e a certeza de submissão dos Poderes à lei" (BRASIL, 1992).

Assim, ainda que o Ministro Sepúlveda Pertence tenha feito ressalvas ao emprego da expressão "promotor natural", ele sublinhou a mudança de paradigma operada pela ordem constitucional pós-88 em relação ao Ministério Público. Este novo ambiente constitucional, impediria a prática, pela chefia administrativa da instituição, de atos tendentes a mitigar a autonomia dos seus membros. De acordo com ele:

> (...) basta, no caso concreto, a impossibilidade de conciliar os princípios da nova estruturação do Ministério Público, gizados com maestria pelo em. Relator, com a sobrevivência de substituições arbitrárias, de aparência casuística e com

CRFB/88 e previsto nas respectivas leis de organização interna do Ministério Público (à época ainda não editadas). Os demais Ministros seguiram, em linhas gerais, os argumentos apresentados por Celso de Mello e Sepúlveda Pertence.

> indícios veementes de desvio de poder, como a que se questiona na impetração."

Extrai-se deste julgamento, portanto, que, sob a ordem constitucional pós-88, o Ministério Público detém autonomia em relação aos Poderes constituídos (autonomia externa), assim como que os seus membros, no exercício de suas funções, encontram-se protegidos contra remoções ou designações infundadas (autonomia interna).

A expressão "promotor natural" viria a ser consagrada, em definitivo, no vocabulário do STF, cujo núcleo central diz respeito, justamente, ao impedimento de eventuais designações especiais que possam remeter à figura do "acusador de exceção". É neste sentido que o STF afirma que "A proteção efetiva e substancial ao princípio do promotor natural impede que o superior hierárquico designe o promotor competente bem como imponha a orientação técnica a ser observada" (BRASIL, 2018a). Afirma, ainda, que o princípio bloqueia "designações casuísticas efetuadas pela chefia da Instituição, que criariam a figura do promotor de exceção, incompatível com a determinação constitucional de que somente o promotor natural deve atuar no processo" (BRASIL, 2017a).

O princípio do promotor natural representa, portanto, uma garantia contra ingerências indevidas (internas ou externas) em relação à atividade funcional do Ministério Público. Uma garantia de autonomia, não só da instituição, como da própria sociedade (CARNEIRO, 1994). Analisados em conjunto, conclui-se que os princípios do juiz e do promotor natural se complementam mutuamente uma vez que pouco adiantaria um órgão julgador autônomo, sem que o órgão acusador também o fosse e vice-versa. É por esse motivo que

FONTELES afirma que, ambos os princípios, juiz natural e promotor natural, "refletem a *perenidade* da função jurisdicional do Estado" (FONTELES, 2006): ambos visam garantir seja o exercício da Justiça Criminal (acusação e julgamento) resguardado contra eventuais ingerências indevidas.[12]

Analisada a posição institucional do Ministério Público, passo à investigação dogmática de suas atribuições.

3.3. O MINISTÉRIO PÚBLICO E SUAS INTERAÇÕES DINÂMICAS COM AS ATIVIDADES POLICIAL E JUDICIAL

Dentre todas as instituições que, de alguma forma, participam da investigação criminal, é, ao Ministério Público, a quem CRFB/88 outorga atribuições para interagir simultaneamente com as demais.[13] Esta sua *ambivalência* – aptidão institucional para interagir funcionalmente com Polícia e Poder Judiciário – é que lhe permite transitar entre as esferas administrativa (investigação criminal) e judicial (ação penal), de modo a atuar enquanto elo entre a investigação criminal e a ação penal.[14]

---

12. Ainda que esta ideia de paralelismo tenha sido rejeitada pelo Ministro Sepúlveda Pertence no julgamento do HC 67759, esta noção, no entanto, não deve ser encarada de forma acrítica, dadas as distintas missões de cada uma das instituições. Quanto às garantias funcionais – incluindo-se a inamovibilidade (física ou funcional) – entendo que detém o mesmo nível de intensidade para ambas as instituições (BRASIL, 1992).

13. Veja-se que a CRFB/88 não prevê, explicitamente, nenhum tipo de interação funcional entre as atividades policial (art. 144) e judicial (artigos 106 a 126) (BRASIL, 1988).

14. Tomem-se, como exemplo, as atribuições relacionadas ao exercício da ação penal (art. 129, I da CRFB/88), e à requisição de informações ou diligências (art. 129, VI e VII da CRFB/88). Há, entre elas, uma evidente relação: é por meio

Antes, porém, de tratar especificamente sobre o relacionamento entre o Ministério Público e a atividade de investigação criminal, necessárias algumas considerações a respeito daquele que é, no Brasil, o instrumento de investigação criminal, por excelência: o inquérito policial.[15]

3.3.1. Inquérito policial: breve introdução teórica[16]

Classificado por KOERNER (2010, p. 100) como a novidade "mais importante" da reforma judiciária promovida pela Lei 2.033/1871, o inquérito policial consagrou-se – a despeito das volumosas críticas e tentativas posteriores de eliminação –, na legislação brasileira, especialmente a partir da segunda metade do século XX. Não só a expressão foi constitucionalizada (art. 129, VIII da CRFB/88) como foi transportada, do CPP/1941, para a legislação extravagante.[17] A despeito de sua importância enquanto instrumento investigativo, há pouca

---

de atividades administrativas, desenvolvidas, diretamente, ou junto à Polícia, que o Ministério Público viabilizará a sua atuação judicial.

15. Desde o julgamento do Recurso Extraordinário com repercussão geral n. 593.727 (BRASIL, 2015c), o STF pacificou o seu entendimento a respeito da possibilidade de o Ministério Público promover investigações criminais de forma autônoma. O instrumento investigatório do Ministério Público chama-se "procedimento investigatório criminal", regulamentado pela Resolução n. 181/2017, alterada pela Resolução n. 183/2017 na parte que trata do "acordo de não persecução penal" (BRASIL, 2017b). Para uma análise a respeito da investigação criminal conduzida pela Ministério Público, ver: ANDRADE e FISCHER (2018). Para uma análise do acordo de não persecução penal, à luz do tema "acordos de admissão de culpa", ver: CUNHA (2019).

16. Para uma análise do inquérito policial enquanto fenômeno sociológico, a partir de pesquisas empíricas, ver: MISSE (2010).

17. Vide, em caráter meramente exemplificativo, as Leis 12.830/13 e 12.850/13 (BRASIL, 2013) (BRASIL, 2013).

reflexão a respeito *do que seja* o inquérito policial e, talvez mais relevante, de quais sejam as consequências disso para a organização da investigação criminal.

Em importante decisão a respeito do tema, *habeas corpus* n. 82.354/PR (BRASIL, 2004b), o STF debateu a natureza jurídica do inquérito policial. Na oportunidade, os impetrantes afirmavam ser ilegal ato que lhes indeferia acesso, enquanto advogados do investigado, a inquérito policial em curso junto à Polícia Federal de Foz do Iguaçu, Estado do Paraná. Aduziram que o direito de acessarem a investigação estaria previsto no art. 7º, XIII a XV da Lei 8.906/94 (Estatuto da Advocacia).

Ao se manifestar quanto ao mérito da impetração, o Ministro relator, Sepúlveda Pertence, afirmou que "a discussão do problema da oponibilidade ao advogado do indiciado do sigilo do inquérito policial tem sido conturbada pela intromissão indevida do art. 5º, LV da Constituição", dispositivo relevante que prevê o contraditório e a ampla defesa "aos litigantes em processo judicial ou administrativo" (BRASIL, 1988). Segundo o Ministro, a norma inserida neste dispositivo não seria aplicável ao inquérito policial, instrumento de investigação que, segundo ele, "não é processo, mas procedimento administrativo". Não se trataria, ainda de acordo com o relator, de um mero jogo de palavras, "porque nele, inquérito, nada decide a autoridade policial – é dizer administrativa – que o dirige" (BRASIL, 2004b). De acordo com o relator:

> Por tudo isso, o inquérito policial não tem por objeto uma acusação, nem um **acusado**, por sujeito, que uma e outro só eventualmente se substantivarão se, com base nele, sobrevêm denúncia e, recebida esta, a instauração, em juízo, de um processo penal condenatório: assim, no inquérito, ainda não há falar da "ampla defesa" no senti-

do em que assegura, aos acusados, o texto constitucional referido.

A despeito da natureza do inquérito policial enquanto procedimento, o Ministro relator afirmou que, mesmo deste instrumento, emergiria um "plexo de garantias" ao investigado, sendo corolário deste plexo a "prerrogativa do advogado de acesso aos autos respectivos" (art. 7º, XIV da Lei 8.906/94). Este direito de acesso aos autos, contudo – prosseguiu o relator – não poderia ser irrestrito diante da necessidade de resguardo do resultado útil da investigação. A partir deste contraponto, nasceu a construção de que "a informação já introduzida nos autos do inquérito é que o investigado, por seu advogado, tem direito", sendo-lhe lícita a negativa de acesso a "diligências ainda em curso, de cuja decretação ou vicissitudes da execução nada obriga a deixar documentação imediata nos autos do inquérito".

Com esses fundamentos, o Ministro relator concedeu a ordem de *habeas corpus* e determinou que, aos advogados impetrantes, fosse garantido o acesso ao inquérito policial, decisão esta referendada pela Primeira Turma do STF.

A questão relacionada à natureza jurídica do inquérito policial, todavia, permaneceu acesa. Em seu voto, o Ministro Ayres Britto afirmou não se haver convencido de sua natureza procedimental. Afirmou ele que "caracterizar o que seja inquérito policial, para mim, permanece uma incógnita" e, diante desta incerteza, prosseguiu ele, "pudéssemos resolver o impasse, dizendo que inquérito policial é um inquérito policial, ou seja, é uma categoria jurídica própria". Do campo eminentemente teórico, passou o Ministro Cezar Peluso ao prático. Ele apontou o que, em sua visão, representaria a forma "descuidada" com que a intervenção dos advogados, no curso do inquérito policial, seria tratada pelas autoridades policiais. Este "descuido", segundo o Ministro, diria respeito ao "hábito de conduzir o inquérito, como se fosse réplica do processo, em que se antecipam os termos de investigações que ainda não foram feitas, de investigações que estão em curso, etc.".

Ao final do julgamento, o STF decidiu pela não incidência das garantias do contraditório e ampla defesa ao inquérito policial. Em importante ressalva, contudo, o Tribunal, decidiu que, ao investigado no inquérito policial, é assegurado um "plexo de direitos", dentre eles o de acessar, por meio de sua defesa técnica, elementos de investigação já materializados e incorporados aos autos. Para além do resultado do julgamento, contudo, consolidou-se, a partir deste caso, o entendimento de que o inquérito policial seja um "procedimento administrativo pré-processual", de modo que a relação entre Polícia e investigado detém natureza administrativa e não jurisdicional (LOPES JR. e GLOECKNER, 2014, p. 222).

A questão relacionada à natureza jurídica do inquérito policial, apesar de razoavelmente delimitada durante o julgamento do HC 82.549/PR, permaneceu controversa, a ponto de o Ministro Marco Aurélio afirmar: "longe de mim procurar nesta assentada definir a natureza jurídica do inquérito policial". As dificuldades em relação ao tema, de fato, existem. E, neste momento, não pretendo enfrentá-las. A questão que, voltada a este trabalho, pretendo destacar, diz respeito à relação havida entre Ministério Público e inquérito policial, tema que passou ao largo das discussões travadas, no STF, durante o julgamento do *habeas corpus* ora analisado. É dizer, ainda que o STF tenha enfrentado a questão relacionada natureza jurídica do inquérito policial, não abordou qual seria a vinculação do Ministério

Público – titular da ação penal e controlador externo da atividade policial – com este que é, inegavelmente, o instrumento de investigação criminal mais importante no Brasil.

Assim, passando ao largo da questão voltada à natureza jurídica do inquérito policial, adoto, no presente trabalho, o conceito oferecido pelo Ministro Ayres Britto, ainda no julgamento do HC 82.459, no sentido de que inquérito policial seja "acima de tudo, diligência, investigação" (BRASIL, 2004b).[18] Investigação policial, ou seja, dirigida e controlada, imediatamente, pela Polícia – "conduzida" por autoridade policial, nos termos do art. 2º, parágrafo 2º da Lei 12.830/13 (BRASIL, 2013). Mas, para além do seu caráter "policial", qual é e como se manifesta a relação funcional, extraída da CRFB/88, havida entre Ministério Público e a investigação criminal conduzida pela Polícia?

3.3.2. A titularidade exclusiva da ação penal pública

A CRFB/88 outorga, ao Ministério Público, a atribuição privativa de ajuizar, ou não, a ação penal pública, de modo que a instituição detém a palavra final a respeito do oferecimento de denúncia ou promoção de arquivamento. Enquanto *dominus litis,* é sua a decisão definitiva quanto à ativação, ou não, da jurisdição criminal e, por este motivo, o Ministério Público atua na qualidade de órgão de Estado. A titularidade da ação penal, pelo Ministério Público, não representa, todavia, novidade em nosso sistema jurídico. O próprio CPP/1941 e, posteriormente, o art. 3º, II da Lei Complementar n. 40/1981,

18. Este conceito, apesar da aparente simplicidade, talvez possa ser a chave para o correto entendimento do que seja, de fato e de direito, o inquérito policial.

outorgavam-lhe esta função (BRASIL, 1981). [19] Ao prever que o exercício da ação penal pública será *privativo* ao Ministério Público, no entanto, o texto constitucional enfatiza que todas as dimensões desta atividade devem ser realizadas, necessária e exclusivamente, pela instituição. É ao advérbio *privativo* que o intérprete deve conferir maior densidade normativa.

De forma imediata, duas consequências derivam do art. 129, I da CRFB/88, ambas relacionadas à investigação criminal e às interações existentes entre os agentes que dela participam: (i) de modo a exercer com plenitude esta prerrogativa, o Ministério Público deve, necessariamente, ter conhecimento de todas as notícias-crime direcionadas à Polícia ou de investigações por esta conduzidas; e (ii) a decisão do Ministério Público a respeito do oferecimento, ou não, de eventual ação penal, é definitiva (ressalvadas as hipótese de ação penal privada subsidiária da pública ou da descoberta de possíveis novas provas).

A norma veicula, à Polícia, uma obrigação no sentido de que todas as eventuais notícias-crime que lhe sejam endereçadas devam ser, necessariamente, encaminhadas ao Ministério

---

19. Ainda que o art. 37 do CPP/1832 tenha outorgado, ao "Promotor", a atribuição de "denunciar" uma série de crimes ali previstos, a ação penal, como regra, era privada, veiculada por meio de "queixa". Mesmo nos casos de "denúncia", "qualquer do povo" detinha atribuição – concorrente ao "Promotor" – para oferecê-la (art. 74 do CPP/1832). Esta dinâmica não foi alterada substancialmente pela lei de 3 de dezembro de 1841 (art. 92), tampouco pela Lei 2033/1871 (art. 16, parágrafo 2º).

A ausência de titularidade exclusiva da ação penal, pelo Ministério Público, manteve-se no CPP/1941, que previa, no caso das contravenções penais, a ação penal *ex officio* (art. 26). O art. 3º, II da Lei Complementar 40/81, apesar de importante e decisivo passo em direção ao amadurecimento institucional do Ministério Público, não conferiu – diferentemente da CRFB/88 – atribuição "privativa", à instituição, para o manejo da ação penal pública.

Público. Além disso, proíbe o arquivamento de investigações diretamente pela Polícia, como já explicitava, ainda, em 1941, o art. 17 do atual CPP. Este comando constitucional deve ser complementado, ainda, pelas normas contidas nos artigos 10, parágrafo 3º e 13, II, ambos do próprio CPP/1941 (BRASIL, 1941a). O primeiro dispositivo estipula prazo para a finalização da investigação policial (10 dias, caso o investigado esteja preso e 30 dias caso não o esteja), findo o qual a Polícia deverá solicitar seja ela dilatado, de modo a prosseguir com as apurações. Já o segundo artigo, prevê a possibilidade de o Ministério Público requisitar à Polícia diligências complementares, poder de requisição esse que é corroborado pelo art. 129, VIII da CRFB/88, a ser analisado adiante (BRASIL, 1988).

Quanto aos artigos 10, parágrafo 3º e 13, ambos do CPP/1941, algumas observações se mostram necessárias. O primeiro dispositivo prevê que as diligências eventualmente não finalizadas sejam realizadas "no prazo marcado pelo juiz", enquanto que o segundo prevê que a Polícia deverá "realizar as diligências requisitadas pelo juiz ou pelo Ministério Público". Ambas as normas devem ser interpretadas com cautela uma vez que – presentes na redação originária do CPP/1941 – ilustram um nível intenso de judicialização da investigação criminal, intensidade esta que não se extrai da CRFB/88.

Este nível elevado de judicialização da fase pré processual fazia sentido em uma época em que as investigações ou a formação de culpa eram conduzidas pelo próprio Poder Judiciário, de modo que o juiz ou juíza era sujeito ativo da investigação criminal. A análise histórica apresentada no segundo capítulo corrobora esta afirmação. A CRFB/88, por sua vez, não prevê – implícita ou explicitamente – qualquer norma que atribua, aos magistrados ou magistradas, capacidade ativa para investigar. E, conforme decidido pelo STF, nos autos da ADI 1570 (BRASIL, 2004a), leis infraconstitucionais que atribuam esta capacidade ativa ao Poder Judiciário são inconstitucionais porque usurpam atribuição privativa do Ministério Público. Ressalve-se, aqui, o entendimento apresentado no Inquérito 4.781, mencionado na introdução, e conduzido pelo STF. A ausência de julgamento colegiado impede, neste momento, uma conclusão definitiva a respeito da eventual extensão da capacidade investigativa, atribuída ao STF, a outras instâncias judiciárias.

Assim, a correta interpretação destas normas passa pelo distanciamento do Poder Judiciário de decisões a respeito dos rumos ordinários da investigação (concessão de prazos ou realização de diligências), de modo que a intervenção judicial somente ocorra quando efetivamente necessária, especialmente nas hipóteses em que o Ministério Público requeira medidas sujeitas a reserva de jurisdição. Nestes casos, todavia, a justificativa para a intervenção judicial é outra: não se trata de conduzir a investigação, mas de garantir que eventuais diligências invasivas sejam decididas por instituição neutra em relação às atividades investigativas. Sob a ordem constitucional de 1988, portanto, o juiz ou juíza não se confunde com o investigador, mas passa a atuar enquanto garantidor ou garantidora de direitos do investigado. A participação do Poder Judiciário na investigação criminal será aprofundada mais à frente.

A necessidade de releitura do art. 10, parágrafo 2º do CPP/1941 é apontada, inclusive, por atos administrativos do próprio Poder Judiciário. Mencione-se, neste contexto, a Resolução n. 63/2009 do Conselho da Justiça Federal (BRASIL,

2009)[20], que prevê uma espécie de "desjudicialização", senão completa, mas parcial, da tramitação do inquérito policial em âmbito federal. Isso decorre, justamente, do reconhecimento de que o inquérito policial é um "procedimento administrativo" e de que o Ministério Público é o seu "destinatário final". Diante disso, a Resolução estipula mecanismos para que os autos de inquérito policial somente sejam distribuídos judicialmente quando houver a necessidade de "medidas constritivas e acautelatórias, que somente podem ser deferidas no âmbito judicial", de modo que a tramitação do inquérito, quando envolver somente o requerimento policial para prorrogação de prazo, deverá tramitar "diretamente" entre Polícia e Ministério Público Federal.[21-22]

Vê-se, portanto, que a Polícia detém reduzida discricionariedade a respeito dos rumos das investigações, uma vez que a decisão sobre o eventual prosseguimento ou encerramento (arquivamento) das investigações não é dela, mas do Ministério Público. O único espaço em que a Polícia exerce iniciativa própria diz respeito à instauração do inquérito policial, pro-

20. Disponível em: <https://www2.cjf.jus.br/jspui/handle/1234/5547>. Acesso em 24/08/2019, às 17h24min, horário de Brasília.

21. A Resolução 63/2009, ao reconhecer a natureza procedimental do inquérito policial, prevê que o declínio de atribuições, promovido pelo Ministério Público Federal, "enquanto não judicializado" o inquérito, deverão ser "dirimidas no âmbito daquela Instituição", ou seja, de acordo com as normas regulamentares relacionadas ao Ministério Público. Tais normas regulamentares encontram-se previstas na LC 75/93.

22. Nos autos do Recurso Extraordinário n. 660.814/MT, o Sindicato dos Delegados de Polícia do Estado do Mato Grosso questiona norma regulamentar, expedida pelo Tribunal de Justiça local, que prevê a chamada "tramitação direta" de inquéritos policiais entre a Polícia e o Ministério Público. A repercussão geral desta matéria foi reconhecida pelo STF (BRASIL, 2019b).

cedimento de que ela dispõe administrativamente, mas não funcionalmente. Esta iniciativa, contudo, é temporalmente reduzida: trinta dias, como regra geral. Findo este prazo, os autos do inquérito policial devem ser encaminhados ao Ministério Público, oportunidade em que o titular da ação penal decidirá pelo prosseguimento, ou não, da investigação. [23]

A norma prevista no art. 129, I da CRFB/88 veicula um comando, além disso, ao próprio Poder Judiciário, conforme item (ii), acima. Ao afastá-lo da formação da opinião delitiva, preservando-lhe a imparcialidade, a norma proíbe eventual decisão judicial que condicione o Ministério Público a acusar ou, em sentido inverso, a não acusar, de modo que a primeira qualificação jurídica sobre os fatos investigados, quem a oferece é o Ministério Público, por meio da denúncia ou arquivamento (JARDIM, 1984).

O conteúdo normativo deste comando é complementado, ainda, pelas regras previstas nos artigos 28 do CPP/1941, 62, IV da Lei Complementar 75/93 e art. 29, VII da Lei 8.326/93.[24] Quanto à regra contida no art. 28 do CPP/1941

---

23. A respeito deste reduzido espaço de discricionariedade, ÁVILA afirma que: "(...) o sistema do código [de processo penal] impõe que, assim que tomado conhecimento do crime haja instauração do inquérito policial, que a Polícia tenha a "liberdade" de realizar diligências investigatórias por um período de até 30 dias (em caso de investigado solto) sem a obrigatoriedade de acompanhamento do Ministério Público, e presumindo-se que tais diligências são realizadas no interesse do Ministério Público, para que, após esse prazo inicial, o Ministério Público seja comunicado das informações recolhidas pela Polícia e assuma a direção indireta de quais outras diligências ainda são necessárias para complementar o material informativo e permitir o ajuizamento da ação penal." (2016b, p. 175).

24. "O poder de encerrar uma investigação (ou o poder de não denunciar) é expressão do exercício de parcela da soberania estatal exercida pelo Ministério Público e,

(arquivamento do inquérito policial), algumas considerações merecem ser feitas, considerando as recentes alterações introduzidas pela da Lei 13.964/19.[25]

De acordo com a redação original do art. 28 do CPP/1941, o Ministério Público, ao arquivar uma investigação criminal, formularia um "requerimento" direcionado ao Poder Judiciário. O termo "requerimento", no entanto, sugeria que a decisão a respeito do encerramento da investigação caberia ao órgão decisório, e não ao titular da ação penal. Conforme mencionado linhas acima, no entanto, o não ajuizamento de uma ação penal (arquivamento) representa a outra face do exercício da ação penal. Assim, tanto a decisão de provocar a jurisdição, por meio da ação penal, quanto a decisão de não provocá-la (arquivamento), encontram-se no feixe de atribuições exclusivas do Ministério Público.

O próprio CPP/1941 reconhecia, em sua redação original, no entanto, que a intervenção judicial, nesta fase da investigação, seria excepcional. Previa, por este motivo que, se o órgão julgador discordasse do "requerimento" de arqui-

---

enquanto órgão político do Estado, é um exercício independente da própria instituição. Essa decisão de não acusar pertence exclusivamente ao Ministério Público, não sendo reformável por outras instituições, pois o sistema do art. 28 do CPP apenas restitui à chefia institucional do próprio Ministério Público o poder de dar a palavra final sobre o mérito da decisão de não acusação. Tanto que quando o Procurador-Geral da República se manifesta pelo arquivamento das investigações no âmbito do Supremo Tribunal Federal, essa decisão do Ministério Público não é reformável pelo Tribunal. Nesse ponto, o sistema brasileiro é inteiramente acusatório, não o permitindo que outras instituições, que não o Ministério Público, decidam sobre a não acusação." (ÁVILA, 2016b, p. 342-343).

25. A regra prevista na redação do art. 28 do CPP, a partir da Lei 13.964/19, encontra-se suspensa, nos termos da decisão proferida, pelo STF, na medida cautelar na ADI 6298/DF.

vamento do Ministério Público, deveria encaminhar os autos ao "procurador geral", que deteria, este sim, a palavra final a respeito do prosseguimento das investigações, arquivamento ou oferecimento de denúncia.[26] A nova redação do art. 28 do CPP/1941 altera, no entanto, esta sistemática ao extinguir a participação do órgão jurisdicional do arquivamento do inquérito policial. De acordo com a atual redação do art. 28 (conferida pela Lei 13.894/19), o Ministério Público "ordena" o arquivamento, seja do inquérito policial, seja de "quaisquer elementos informativos da mesma natureza" e – comunicada a decisão à vítima, ao investigado e à Polícia – encaminha os autos "para a instância de revisão ministerial, para fins de homologação, na forma da lei".[27-28]

Ressalvando-se o fato de que eficácia normativa da nova redação conferida, pela Lei 13964/19, ao art. 28 do CPP, encontra-se suspensa[29], verifica-se a tendência da legislação em impedir a atuação judicial no momento da formação da opinião delitiva do Estado, atividade esta titularizada, exclusivamente, pelo Ministério Público. A partir da Lei 13964/19, portanto,

---

26. A expressão "procurador geral" deve ser interpretada, na verdade, com o sentido de que os autos do inquérito policial fossem encaminhados às instâncias revisionais de cada Ministério Público. No caso dos Ministérios Públicos estaduais, este órgão revisional é, de fato, o procurador-geral respectivo (art. 29, VII da Lei 8.326/93), enquanto que, no âmbito do Ministério Público Federal, o são as Câmaras de Coordenação e Revisão (art. 62, IV da Lei Complementar 75/93).
27. No âmbito do Ministério Público Federal, a Orientação Conjunta n. 01/2015, expedida por suas 2ª, 5ª e 7ª Câmaras de Coordenação e Revisão (BRASIL, 2015b) já previa sistemática semelhante.
28. A "lei" a que se refere a nova redação do art. 28 do CPP são, na verdade, duas: as mencionadas na nota de rodapé anterior (art. 29, VII da Lei 8.326/93 e art. 62, IV da Lei Complementar 75/93).
29. Vide a decisão proferida pelo STF na medida cautelar na ADI 6298/DF.

a sistemática do arquivamento do inquérito policial passa a estar de acordo, a meu ver, com o conteúdo normativo do art. 129, I da CRFB/88.

Em outras de suas disposições, a Lei 13964/19 também busca reduzir a participação judicial no decorrer da investigação criminal. O comando contido no novo art. 3º-A é contundente ao prever, como decorrência da estrutura acusatória do processo penal brasileiro, a vedação à "iniciativa do juiz na fase de investigação". A atuação judicial nesta fase não é, apesar disso, completamente eliminada, senão qualificada. O art. 3º-B e seguintes disciplinam uma importante alteração na estrutura da investigação criminal a partir da introdução do chamado "juiz de garantias"[30], "responsável pelo controle da legalidade da investigação criminal e pela salvaguarda dos direitos individuais cuja franquia tenha sido reservada à autorização prévia do Poder Judiciário".

As atribuições do juizado de garantias estão previstas no art. 3º-B, incisos I a XVIII e abrangem, por exemplo, o controle de legalidade da prisão em flagrante (incisos I a III), a decisão sobre medidas cautelares no curso da investigação (incisos V a VII e XI), a produção antecipada de provas (inciso VII) e o recebimento da eventual denúncia ou queixa (inciso XIV). O juizado de garantis veicula, neste sentido, uma escolha política destinada a concretizar um determinado nível de supervisão judicial sobre a investigação criminal, de modo que a competência do juiz de garantias cessa com o recebimento da denúncia

30. A eficácia dos artigos 3º-A a 3º-F do CPP/1941, a partir da redação conferida pela Lei 13964/19 encontra-se suspensa a partir da decisão proferida, pelo STF, nos autos da medida cautelar na ADI 6298/DF, ajuizada pela Associação dos Magistrados Brasileiros.

(art. 3º-C do CPP). Registre-se, no entanto, que o juizado de garantias, com sua estrutura acusatória, não se confunde com o juizado de instrução: enquanto o primeiro busca afastar o órgão decisório dos trâmites ordinários da investigação – ao não permitir que ele substitua a "atuação probatória do órgão de acusação" (art. 3º-A do CPP/1941, com redação conferida pela Lei 13964/19) – o segundo assegura o protagonismo do órgão decisório no decorrer da investigação. Tratam-se, por isso, institutos com objetivos opostos.[31]

3.3.3. O controle da atividade policial

Outra norma constitucional que assume caráter fundamental à compreensão das interações recíprocas que se operam entre Polícia, Ministério Público e Poder Judiciário, está inserida no art. 129, VII da CRFB/88 (BRASIL, 1988). Trata-se da cláusula de controle externo da atividade policial.

Direito e coerção complementam-se: o monopólio da jurisdição concretiza-se mediante o emprego legítimo da força. Mas o emprego da força somente é legítimo se obedece aos limites impostos pelo Direito. Assim, em um Estado que se pretenda de Direito[32], todas as projeções do poder submetem-se a controles. Dentre estas projeções do poder a serem controladas encontra-se, especialmente, a força física. E é por

31. Devem ser interpretadas com cautela, neste contexto, atribuições do juizado de garantias que o coloquem em estreita conexão com os rumos ordinários da investigação, como por exemplo, a que prevê a necessidade de ser informado sobre a instauração de qualquer investigação criminal (inciso IV).

32. Para uma análise aprofundada do conteúdo histórico e conceito da expressão "Estado de Direito", ver: COSTA e ZOLO (2006).

ser a atividade policial a projeção mais visível do monopólio estatal da coerção física legítima, que sobre ela que se voltam as atenções mais graves do Direito. Nesta linha, o ordenamento jurídico brasileiro estabelece controles sobre esta atividade.

O primeiro deles, situa-se no âmbito do Direito Administrativo e relaciona-se aos instrumentos de controle interno da Administração Pública. Dentre os chamados "poderes da Administração", o poder hierárquico é responsável por vincular as atividades administrativas desenvolvidas por autoridades subalternas aos comandos de autoridades superiores. Nos termos do art. 144 da CRFB/88 (BRASIL, 1988), a atividade policial – exercida no contexto da segurança pública –, encontra-se vinculada aos Poderes Executivos respectivos (federal ou estaduais), de modo que as Polícias se vinculam, em última análise, a autoridades eleitas, responsáveis pela concretização de políticas de segurança pública. Trata-se, este caso, de típico controle interno da Administração Pública.

A subordinação hierárquica das autoridades policiais, à direção superior da Administração Pública a que se encontram vinculados é comum na história brasileira. Lembre-se que a Lei de 3 de dezembro criou as figuras dos "delegados" e "subdelegados" de polícia que, como os próprios nomes sugerem, atuavam mediante delegação, à época, do Ministro da Justiça.[33] Prova maior desta rigorosa hierarquia é a previsão inserida no art. 1º, item 1 do Regulamento n. 120 de 31 de janeiro de 1842, que atribuía, ao Ministro da Justiça o "exercício da suprema inspeção [das atividades de polícia administrativa e

33. BONELLI destaca a influência política do Poder Executivo Imperial sobre os delegados, após a reforma judiciária promovida em 1841 (2009).

judiciária], que lhe pertence como primeiro chefe e centro de toda a administração policial do Império" (BRASIL, 1842). A noção de que a atividade policial seja exercida mediante "delegação" de autoridade administrativa superior ainda remanesce no próprio CPP/1941. Veja-se, por exemplo, a previsão de recurso, endereçada ao "chefe de Polícia", nos casos de indeferimento de abertura de inquérito policial (art. 5º, parágrafo 2º do CPP/1941). A mera previsão de recurso a autoridade superior é exemplo de que, no regime do CPP/1941, a atividade policial é executada mediante delegação. As Polícias, neste contexto, detêm natureza jurídica de órgãos da Administração Pública, não havendo norma, no texto constitucional, ou na legislação infraconstitucional, que sugira o contrário.

Para a atividade policial, todavia, a CRFB/88 considera insuficiente o regime de controles internos, inerentes à Administração Pública. É por este motivo que impõe sobre esta atividade uma segunda dimensão de controle: trata-se do controle externo, a ser exercido pelo Ministério Público, nos termos do art. 129, VII da CRFB/88. Esta cláusula constitucional é complementada pelo art. 3º da LC 75/95 e, com maior nível de detalhamento, pela Resolução n. 20 do Conselho Nacional do Ministério Público (CNMP) (BRASIL, 2007), cujo artigo 2º, *caput* prevê, como objetivo do controle, a manutenção da "regularidade e a adequação dos procedimentos empregados na execução da atividade policial, bem como a integração das funções do Ministério Público e das Polícias voltada para a persecução penal e o interesse público [...]".[34]

34. Nos incisos do art. 2º da Resolução CNMP 20/07, consta que o controle externo será executado "atentando especialmente para: I – o respeito aos direitos fundamentais assegurados na Constituição Federal e nas leis; II – a preservação

De forma geral, a doutrina brasileira aponta que a atividade policial deve ser controlada sob a perspectiva externa justamente por se tratar da face visível do monopólio estatal sobre a coerção física legítima. Neste trabalho não pretendo destacar os fundamentos criminológicos ou sociológicos do controle externo da atividade policial, tema este que tem, como objeto de estudo, o assim chamado "desvio policial" e pretende viabilizar mecanismos de *accountability*.[35] Busco objetivo ligeiramente mais restrito: investigar o impacto que a cláusula constitucional de controle externo exerce sobre a atividade de investigação criminal e, mais especificamente, como influencia as interações recíprocas havidas entre Ministério Público e Polícia durante a investigação criminal.

Sob esta perspectiva, ÁVILA destaca duas projeções de controle externo, ambas igualmente decorrentes do art. 129, VII da CRFB/88. São elas: o controle processual de direção mediata da investigação criminal e o controle processual de fiscalização da legalidade das medidas potencialmente restritivas de direitos fundamentais (2016a).[36] Considerando os objetivos

---

da ordem pública, da incolumidade das pessoas e do patrimônio público; III – a prevenção da criminalidade; IV – a finalidade, a celeridade, o aperfeiçoamento e a indisponibilidade da persecução penal; V – a prevenção ou a correção de irregularidades, ilegalidades ou de abuso de poder relacionados à atividade de investigação criminal; VI – a superação de falhas na produção probatória, inclusive técnicas, para fins de investigação criminal; VII – a probidade administrativa no exercício da atividade policial."

35. Neste contexto, ÁVILA entende que o exercício do controle externo se projeta em duas vertentes: controle extraprocessual de auditoria e promoção da responsabilização do desvio policial (2016a, p. 20).

36. As quatro vertentes de controle podem ser reconduzidas à seguintes classificação, apresentada no art. 3º da Resolução CNMP 20/07: (i) "controle difuso, por todos os membros do Ministério Público com atribuição criminal, quando do

do presente trabalho, promovo afunilamento ainda maior do objeto a ser investigado, de modo que passarei a tratar, unicamente, da modalidade de controle classificada de "controle processual de direção mediata da investigação criminal".

3.3.4. Controle externo enquanto direção mediata: justificativa teórica e conteúdo

Antes de abordar os principais aspectos do que seja a "direção mediata da investigação criminal", indago: a se confirmar a existência desta modalidade de controle por qual razão a CRFB/88 teria outorgado ao Ministério Público o seu exercício? Neste ponto, uma breve retomada da digressão histórica apresentada no capítulo anterior se mostra necessária.

Ao assumir o poder em um Brasil recém independente, a elite política de então confrontou-se com o desafio de moldar um novo sistema de Justiça Criminal. Neste contexto, LOPES afirma que a "organização da justiça foi reconhecido como tema fundante no Estado", o que, ainda segundo o autor, implicaria a suplantação de antigos problemas, tão comuns à velha ordem. Dentre estes problemas, destaca o autor a "dependência escancarada" do sistema judiciário português aos poderes políticos (2017, p. 18). Vê-se, assim, que o desenho inaugural de uma Justiça Criminal genuinamente brasileira nasceu a partir de uma preocupação fundante: afastar a administração da justiça de possíveis interferências políticas. A alternativa desenvolvida,

---

exame dos procedimentos que lhes forem atribuídos"; e (ii) "controle concentrado, através de membros com atribuições específicas para o controle externo da atividade policial, conforme disciplinado no âmbito de cada Ministério Público" (BRASIL, 2007).

à época, foi, justamente, "a criação da magistratura eletiva no Brasil [juizado de paz]", o que "ganhou o caráter de luta contra o antigo judiciário colonial" (CAMPOS *et al.*, 2017, p. 25).[37]

A atual ordem constitucional não prevê, no entanto, um regime eletivo para a magistratura criminal. Esta mesma ordem constitucional atribui, por outro lado, a atividade policial a órgãos do Poder Executivo, submetidos a controles hierárquicos em relação às respectivas chefias administrativas. Neste contexto, qual seria o instrumento a permitir que a investigação criminal – e, por conseguinte, que o próprio exercício da ação penal – fosse pautado por razões exclusivamente técnico-jurídicas?[38] A resposta para esta pergunta não se encontra, propriamente, na

37. Este processo foi freado, no entanto, com o advento da lei de 3 de dezembro de 1841. A confusão entre "polícia" e "justiça" escancarou a intervenção do Poder Executivo na administração da justiça e – para o que interessa ao presente trabalho – na atividade de investigação criminal. A reforma de 1871, ao pretender a dissociação entre ambas as atividades, no entanto, criou um espaço de autonomia para a atividade policial, o que é ilustrado, no contexto da investigação criminal, pelo inquérito policial.

38. Não pretendo afirmar que a atividade policial, especialmente no Brasil, seja influenciada negativamente por influências exógenas. Esta análise busca investigar o tema em abstrato, de modo a compreender as justificativas que levam à decisão politica, expressa na CRFB/88, de inserir uma cláusula de controle externo da atividade policial e outorgar esta atividade ao Ministério Público. A questão relacionada à busca por autonomia ao exercício da ação penal não é tema exclusivamente brasileiro e toca à própria organização estrutural dos mais variados Ministérios Públicos. Para uma análise comparada sobre a estrutura de diferentes Ministérios Públicos na América Latina, ver: DIAS e DE AZEVEDO (2008). Para uma análise do Ministério Público italiano e de duas funções nos processos penal e civil, ver: PACILEO (2011). Para uma análise da atuação do Ministério Público americano, ver: JACOBY e RATLEDGE (2016). Para uma análise entre o surgimento do *plea bargain* e a atuação do Ministério Público americano, ver: FISCHER (2003). Para uma análise da construção recente do Ministério Público inglês, ver: ROZENBERG (1987). Para uma análise do Ministério Público francês, ver: HODGSON (2005).

atividade policial, mas na que lhe é concorrente e subsequente: esta garantia decorre da autonomia que o texto constitucional assegurou ao Ministério Público e do regime jurídico-funcional que o conecta com a atividade policial.

Assim, além da garantia de julgamentos imparciais – decorrente da independência do Poder Judiciário –, a CRFB/88 buscou assegurar mecanismos para que o próprio exercício da ação penal também o fosse. No regime pós-88, o exercício técnico da ação penal (e, por conseguinte, da própria investigação criminal) está ligado à outorga da titularidade privativa desta função a um Ministério Público posicionado, institucionalmente, fora da influência hierárquica de qualquer dos Poderes da República. Trata-se de órgão de Estado dotado de autonomia e regido funcionalmente enquanto magistratura. Assim, de acordo com ÁVILA (2016a, p. 21), por meio do controle externo de direção mediata o Ministério Público:

> [...] zela pela eficiência da investigação criminal, direcionando o seu curso para a obtenção das informações investigativas necessárias à formação da convicção do Ministério Público para realizar a acusação criminal. Nessa perspectiva, a investigação criminal é vista como antecedente lógico do exercício da ação penal de sorte que a titularidade da ação penal já projeta seus efeitos para a fase antecedente, exigindo seu controle (LC 75/1993, art. 3º, "d"). Essa é uma função que, no sistema acusatório, jamais poderia ser conferida ao juiz, pois significaria que o juiz estaria investigando indiretamente.

É sob essa perspectiva que se deve interpretar o artigo 129, VII da CRFB/88: o controle externo de direção mediata da investigação criminal permite, ao Ministério Público, interagir funcionalmente com a investigação criminal de modo que a decisões fundamentais para o seu andamento sejam tomadas por ele, enquanto titular da ação penal. Assim, tanto a decisão pelo início (esta, a única decisão fundamental compartilhada com a Polícia), quanto as futuras decisões sobre prosseguimento e encerramento (arquivamento ou ajuizamento de denúncia) são tomadas pelo Ministério Público, com exclusividade. Vê-se que a ausência de vinculação hierárquica entre Polícia e Ministério Público não afasta este vínculo funcional extraordinário – decorrente da CRFB/88 – que une as atividades desenvolvidas por ambos.

A conexão funcional entre Ministério Público e investigação criminal é reforçada pela norma contida no art. 129, VIII da CRFB/88, que autoriza o *Parquet* a "requisitar" a instauração de inquéritos policiais e a realização de diligências investigativas. O termo "requisição" significa "ordem administrativa", de modo que a Polícia não pode se furtar a iniciar o inquérito cuja instauração foi requisitada pelo Ministério Público ou deixar de realizar a diligência por ele apontada, sob pena de responsabilidade pessoal do agente policial. O poder de requisição, neste sentido, corresponde, possivelmente, ao mais importante "instrumento de direção mediata das investigações pelo Ministério Público" (ÁVILA, 2016b, p. 315).

Pelo que se viu até aqui, o regime jurídico decorrente da CRFB/88 insere o Ministério Público de forma estrategicamente próxima, tanto da atividade policial quanto do inquérito policial. Reitere-se, no entanto, que este vínculo funcional não significa que um exerça controle hierárquico sobre o outro. A opção constitucional pela desvinculação orgânico-administrativa entre Polícia e Ministério Público é inequívoca. Tanto assim, que ao tratar da relação havida entre ambos, o texto constitucional classificou-a enquanto uma relação de controle "externo", e não interno.

Diante disso, pode-se afirmar que o regime jurídico do inquérito policial é dotado de uma certa hibridez, na medida em que a atividade desenvolvida neste procedimento se encontra vinculada, funcionalmente, tanto à Polícia, quanto ao Ministério Público. À Polícia, compete a "condução" do inquérito policial (art. 2º, parágrafo 1º da Lei 12.830/13) (BRASIL, 2013), enquanto que, ao Ministério Público, compete a sua direção mediata, atividade esta que decorre, fundamentalmente, da própria CRFB/88.

Ao "conduzir" o inquérito policial, a Polícia exerce o seu controle administrativo imediato, o que lhe autoriza a, por conta própria, instaurar o inquérito e a promover, por período temporal limitado, diligências como, por exemplo, a solicitação de documentos, a oitiva de investigados ou testemunhas ou a apreensão de objetos. Estes poderes de "condução" significam, ainda – e este talvez seja o aspecto mais importante da atividade policial –, competir à Polícia, a direção operacional da investigação criminal. Dirigir operacionalmente a investigação significa que, diante de sua expertise técnica, à Polícia compete a avaliação sobre a viabilidade e o modo de se realizarem diligências que demandem conhecimentos policiais específicos, como por exemplo, a condução de buscas e apreensões ou cumprimento de mandados de prisão. Nos casos, em resumo, nos quais possa haver o recurso à força física. Nestas situações, a análise técnico-policial prevalece: é à Polícia quem compete avaliar, por exemplo, como se devem conduzir as diligências, quantos policiais são necessários à garantia da integridade física dos envolvidos (policiais e investigados) e se é necessário e, em que medida, o emprego de armamento.[39]

39. Mesmo esta avaliação técnica é submetida a controle externo. Trata-se controle processual de fiscalização da legalidade das medidas potencialmente restritivas

A direção imediata da Polícia é guiada, no entanto, pela direção mediata exercida pelo Ministério Público. Afinal de contas, mesmo a autonomia técnico-operacional – ou melhor, *especialmente* a autonomia técnico-operacional – é instrumental ao futuro exercício da ação penal. Nas palavras de BAJER (1999), o Ministério Público "precisa da Polícia quando necessário abandonar a compreensão intelectual do delito, para alcançar o corpo de delito verificado na realidade". Assim, se a principal característica da investigação (qualquer que seja a sua natureza) é a sua *instrumentalidade* (LOPES JR. e GLOECKNER, 2014, p. 97), qualquer ato investigativo é, teleologicamente, voltado à formação da opinião delitiva estatal, titularizada, privativamente, pelo Ministério Público. O caráter instrumental da investigação pressupõe que ela não seja um fim em si mesma, de modo que o inquérito policial é, nos termos do voto do Ministro Celso de Mello, no *habeas corpus* 73.271 "procedimento administrativo destinado a subsidiar a atuação persecutória do Ministério Público, que é – enquanto *dominus litis* – o verdadeiro destinatário das diligências executadas pela Polícia Judiciária" (BRASIL, 1996).

A direção mediata da investigação diz respeito, portanto, à condução técnico-jurídica da apuração, o que significa a *capacidade exclusiva, do Ministério Público, no decorrer da investigação, de qualificar juridicamente os fatos investigados* e, a partir daí, decidir, fundamentadamente, sobre o seu aprofundamento (mediante renovação de prazo e requisição de diligências) ou encerramento (mediante oferecimento de

---

de direitos fundamentais (ÁVILA, 2016a, p. 20). A particularidade, contudo, diz respeito ao momento em que exercido este controle: em regra posterior à realização das diligências policiais.

denúncia ou promoção de arquivamento). O exercício desta condução técnico-jurídica decorre da interpretação em conjunto das normas inseridas no art. 129, incisos I, VII e VIII da CRFB/88.

É por estes motivos que a norma inserida no artigo 2º, caput, da Lei 12.830/13, no trecho em que afirma o caráter "jurídico" da atividade policial, é inconstitucional. E isso, por dois motivos. O primeiro está ligado à posição topográfica da atividade policial, no âmbito da CRFB/88: trata-se de atividade estatal vinculada à "segurança pública", a ser desenvolvida objetivando-se a "preservação da ordem pública e da incolumidade das pessoas e do patrimônio". Empregando-se o vocabulário constitucional, conclui-se que a atividade policial – seja ostensiva, seja judiciária – não é "essencial à Justiça" (BRASIL, 1988), assim como o são as atividades desenvolvidas pela advocacia, Defensoria Pública e Ministério Público. É claro que esta conclusão deve ser interpretada com cautela de modo a não se subestimar o imprescindível papel das polícias em uma democracia. O que isso significa, na verdade, é que as instituições policiais não integram o Sistema de Justiça, de modo que não detém capacidade postulatória e não possuem aptidão para vincular a atividade funcional, seja da advocacia (defesa técnica) seja do Ministério Público.[40] Diferentemente, do que ocorria no passado, a ordem constitucional de 1988 tratou da atividade policial enquanto um serviço público, e

---

40. É por isso que, a meu ver, é equivocada a associação das manifestações do Ministério Público, seja no decorrer da investigação, seja durante o processo, à expedição de "pareceres". Por ser parte do processo penal, a natureza jurídica de suas manifestações é de requerimento. Ao se dirigir ao órgão julgador, o Ministério Público não emite uma "opinião", mas postula, em nome próprio, uma decisão judicial.

não enquanto uma projeção da atividade judiciária (SOUZA NETO, 2007).

O segundo motivo que torna inconstitucional a norma prevista no artigo 2º, *caput* da Lei 12.830/13 está ligada, menos à Polícia, e mais ao próprio Ministério Público. Conforme demonstrado acima, o controle mediato da investigação criminal diz respeito, justamente, à sua capacidade de qualificar juridicamente os fatos em apuração de modo a conduzi-la com vistas ao futuro exercício da ação penal. O próprio art. 129, VIII da CRFB/88, ao prever a requisição de diligências, impõe, ao Ministério Público, que indique os "fundamentos jurídicos" de suas manifestações[41], previsão que não encontra paralelo, na CRFB/88, no tocante à atividade policial. Esta capacidade de qualificar juridicamente os fatos e, especialmente, de decidir os rumos da investigação, trata-se, portanto, de prerrogativa exclusiva do Ministério Público. Imaginar que a condução jurídica da investigação seja compartilhada com a Polícia importaria na conclusão de que o inquérito policial teria um fim em si mesmo e que seria conduzido no interesse exclusivo da Polícia. Esta conclusão, além de contrariar a interpretação decorrente do artigo 129, incisos I, VII e VIII da CRFB/88, significaria aceitar que atos investigativos, inclusive aqueles que demandem o emprego da força, pudessem ser praticados sem a anuência – ou, o que seria pior, com a eventual discor-

41. O dispositivo fala na "indicação dos fundamentos jurídicos de suas manifestações processuais". Considerando que este inciso trata, especificamente, da requisição para a instauração de inquérito policial e para a realização de novas diligências, a expressão "manifestações processuais" deve ser interpretada, não em seu sentido técnico-jurídico, o que poderia levar à indevida conclusão de que o inquérito policial deteria natureza jurídica de "processo", o que, como visto acima, não é verdadeiro.

dância – do titular da ação penal. Alguns exemplos podem ajudar a clarificar a ideia.

Imagine-se uma hipotética investigação de homicídio. Durante o inquérito policial, apurou-se que a vítima, pessoa sabidamente rica, foi surpreendida, durante a condução de veículo automotor, e alvejada por disparos de arma de fogo enquanto estacionada em um sinal de trânsito em local da cidade em que casos de roubo seriam recorrentes. A análise do veículo identificou que nenhum pertence foi subtraído. Câmeras de vídeo registraram o momento em que duas pessoas abordaram a vítima que, após tentar fugir, foi alvejada por disparos de arma de fogo. Considerando estes fatos, a Polícia relatada o inquérito e afirma ter se consumado o crime de latrocínio (art. 157, parágrafo 3º, II do Código Penal).

Ao receber o inquérito policial relatado, todavia, o Ministério Público identifica que um dos investigados era réu em ação penal, acusado de ter sido contratado para executar um outro homicídio. Encontrava-se em aberto, em relação a este investigado, um mandado de prisão preventiva expedido pelo Juízo responsável por aquela ação penal. Além disso, em análise ao perfil da vítima e ao depoimento de seus familiares, o MP identificou, ainda, que esta era titular de várias atividades empresariais e que, poucos meses antes, havia tido uma séria briga comercial com um de seus sócios, que havia sido flagrado forjando a documentação contábil da atividade e, por conta disso, afastado da empresa. Some-se a todo este contexto, o fato de nada haver sido subtraído da vítima.

Ao qualificar juridicamente estes fatos, o Ministério Público identifica a possível consumação, não do crime de latrocínio, mas do crime de homicídio qualificado (art. 121, parágrafo 2º, I do Código Penal). Considerando, no entanto, que esta linha de investigação não havia sido aprofundada, o Ministério Público renova o prazo do inquérito policial, requer, judicialmente, a realização de busca e apreensão no endereço dos investigados e requisita novas diligências à Polícia, incluindo a análise do material apreendido e a oitiva do ex-sócio da vítima.

Neste caso hipotético, a possível alteração na tipificação do crime impactaria nas penas a que sujeitos os possíveis acusados e na própria competência jurisdicional, já que o crime de homicídio qualificado é processado e julgado perante o Tribunal do Júri, enquanto que o crime de latrocínio o é perante o juízo singular. Comprova-se, portanto, a relevância da qualificação jurídica dos fatos investigados e, mais importante, que esta qualificação jurídica seja executada pelo titular da ação penal. Isso porque, justamente, a formação da opinião delitiva estatal é atribuição do Ministério Público, e não da Polícia. Ele será o responsável, portanto, por decidir sobre a imputação e, caso ofereça a denúncia, por sustentá-la em juízo, de modo que a operação intelectiva de qualificação jurídica dos fatos, quem a executa é o Ministério Público. Trata-se de decorrência lógica de sua titularidade *privativa* da ação penal pública. Imaginar que a Polícia também detenha a prerrogativa de qualificar juridicamente os fatos significaria imaginar que o Sistema de Justiça toleraria eventual discordância entre Polícia e Ministério Público quanto aos rumos da investigação, o que não seria adequado em termos políticos, jurídicos e pragmáticos.

Não seria adequado em termos políticos porque importaria na afirmação de uma autonomia ou independência da atividade policial frente aos Poderes constituídos. Considerando que esta atividade materializa o monopólio legítimo da violência estatal, as corporações que a executam devem se submeter a rígidos controles administrativos e funcionais, conforme demonstrado anteriormente. O controle da atividade policial, neste contexto, representa uma garantia social relevante e os próprios debates parlamentares do século XIX – destacados no capítulo segundo – indicam que este era um tema sensível, mesmo para o Brasil de então.[42]

Aceitar-se a possibilidade teórica de que Polícia e Ministério Público possam discordar quanto aos rumos da investigação seria equivocado, ainda, sob o ponto de vista jurídico, especialmente a partir do regime jurídico que a CRFB/88 estabelece para a atuação do *Parquet* no decorrer da investigação criminal. Quanto a este ponto, remeto à análise do artigo 129, incisos I, VII e VIII da CRFB/88, feita acima. Eventual discordância entre Polícia e Ministério Público seria inconveniente, ainda, sob a perspectiva pragmática. O exemplo acima indica que a ausência de aproximação funcional entre ambos pode gerar

42. Encontra-se em discussão no Congresso Nacional a Proposta de Emenda Constitucional n. 412/2009, que pretende alterar a redação do art. 144 da CRFB/88 e assegurar autonomia funcional e administrativa, especificamente, à Polícia Federal. A proposta, contudo, parece não ser apoiada por todas as carreiras integrantes da própria instituição, conforme nota técnica da Federação Nacional dos Policiais Federais (https://fenapef.org.br/nota-tecnica-no-012016-fenapef-pec-4122009/>, acesso em 26/08/19, às 11h28min, horário de Brasília. A Associação Nacional dos Membros do Ministério Público (CONAMP) também se manifestou de forma contrária à PEC 412/2009 (https://www.conamp.org.br/images/notas-tecnicas/NT_PEC_412.pdf>), com acesso em 26/08/19, às 11h31min, horário de Brasília. A 7ª Câmara de Coordenação e Revisão do Ministério Público Federal (7ª CCR/MPF), responsável por coordenar e revisar os trabalhos do MPF a respeito do controle externo da atividade policial também se posicionou de forma contrária à PEC 412/2009 (http://www.mpf.mp.br/atuacao-tematica/ccr7/dados-da-atuacao/notas-tecnicas/NT7CCRn4de14deabrilde2015.pdf/view>), com acesso em 26/08/19, às 11h34min, horário de Brasília

atraso na investigação, que estaria sujeita à realização de diligências eventualmente consideradas desnecessárias pelo titular da ação penal e à não realização de diligências consideradas, por ele, como imprescindíveis. A bem da verdade, o ideal, em termos de eficiência investigativa, é que Polícia e Ministério Público trabalhem em conjunto, desde o início da apuração, de modo que as diligências necessárias à formação da opinião delitiva – especialmente em casos sensíveis – sejam realizadas imediatamente.

A constitucionalidade da norma prevista no art. 2º, *caput*, da Lei 12.830/13 é posta em dúvida, ainda, a partir das conclusões alcançadas, pelo STF, no julgamento da ação direta de inconstitucionalidade n. 5.520/SC, ajuizada pela PGR contra ato normativo editado pela Assembleia Legislativa de Santa Catarina, que havia assegurado independência funcional aos delegados de polícia civil. Em seu voto condutor, o Ministro Relator Alexandre de Moraes tratou da natureza da atividade policial e de sua essencial subordinação hierárquica ao Poder Executivo (BRASIL, 2019):

> Além das alegações de natureza formal, também as teses de inconstitucionalidade material trazidas pelo Procurador-Geral da República contam com o abono da jurisprudência deste SUPREMO TRIBUNAL FEDERAL. No limite, não é possível desconsiderar que, com a concessão de independência funcional à classe de servidores que exerce o comando da polícia civil estadual, poderão surgir pretensões de autonomia que não são compatíveis com a instituição policial.
>
> Ao interpretar o sentido e o alcance do art. 144, parágrafo 6º, da CF, o Tribunal definiu ser ele expletivo de um indeclinável traço hierárquico de subordinação, a ser obrigatoriamente reproduzido pelas ordens jurídicas locais na relação por elas

> estabelecida entre os Governadores de Estado e as respectivas polícias civis.
>
> [...]
>
> Portanto, o desenho institucional concebido pelo art. 144 da Constituição Federal para a configuração do aparelho de segurança pública não avaliza soluções legislativas locais calcadas na ideia de governança independente da polícia judiciária.
>
> Para o bem e para o mal, o modelo formatado pelo texto federal atribui ao gestor máximo do Poder Executivo local a prerrogativa (e a correspondente responsabilidade) pela estruturação dos órgãos locais de segurança pública, pelo seu planejamento operacional e também pela definição do grau de prioridade que os programas e ações governamentais a ela relacionados devam ter dentro do esquadro orçamentário do respectivo Estado-Membro.

Este julgado reforça o entendimento de que a atividade policial não deva ser autônoma, seja em termos funcionais seja em termos administrativos. Assim, a necessidade de condução jurídica (ainda que mediata), pelo Ministério Público, da investigação criminal, decorre da instrumentalidade das apurações, que servirão ao exercício da ação penal em juízo. Em relação ao inquérito policial, a condução jurídica deste procedimento, pelo Ministério Público, é instrumentalizada pela absoluta ausência de disponibilidade da investigação pela Polícia (art. 17 do CPP/1941) e pela necessidade de que, regularmente, o andamento das diligências seja encaminhado ao Ministério Público – e não ao Poder Judiciário, conforme à CRFB/88 defendida em relação ao art. 10 do CPP/1941 – para a renovação, ou não, de novos prazos investigativos.

Comprova-se, neste contexto, como a titularidade privativa da ação penal e o exercício do controle externo da atividade policial complementam-se mutuamente: interpretados em conjunto os incisos I, VII e VIII do art. 129 da CRFB/88, extrai-se a natureza funcionalmente híbrida do inquérito policial, ligado que está, concomitantemente, à Polícia e ao Ministério Público. É por este motivo que a essência da atuação ministerial, no decorrer da investigação criminal, diz respeito a "revisar o trabalho policial à luz dos tipos criminais, promover decisões acusatórias realistas, buscar atuar em juízo com sucesso e obter condenações adequadas e razoáveis" (JACOBY e RATLEDGE, 2016, p. 36).[43]

Assim, o fato de, como regra, Polícia e Ministério Público serem instituições organicamente apartadas, não impede que a direção funcional (técnico-jurídica) da investigação seja exercida pelo titular da ação penal, a quem compete avaliar o trabalho desenvolvido em sede policial e a utilizá-lo (ou não), com vistas à persecução penal em juízo. Esta modalidade de controle não afasta, por outro lado, o controle administrativo imediato exercido pela própria Polícia, que corresponde a uma análise técnico-policial.

Em resumo: o plexo de normas contidas no artigo 129, incisos I, VII e VIII da CRFB/88 estabelece um regime jurídico

43. Tradução livre. A frase complete trata da relação entre Polícia e Ministério Público, dos objetivos imediatos eventualmente distintos de ambas as instituições e dos atritos institucionais que podem decorrer desta situação. No original, em inglês: "Relationships between police and prosecutors are always "iffy" if nor for other reason then the inherent differences in the goals of the two agencies. For police, it is to protect the public by keeping the peace, enforcing the law, solving crimes, and arrest offenders suspected of the crimes. For prosecution, it is to review the police work for legal sufficiency, make realistic charging decisions, pursue successful prosecution of defendants, and obtain reasonable and appropriate sanctions."

próprio para a investigação criminal, um regime, pode-se dizer, híbrido porque funcionalmente ligado a duas instituições que, apesar de não exercerem influência hierárquica uma sobre a outra, concorrem, com suas atividades, para a persecução. Este regime jurídico é desenhado com o objetivo de garantir que o exercício da jurisdição criminal – provocada, exclusivamente, pela ação penal – obedeça a parâmetros técnicos. Assim, ainda que o Ministério Público não exerça poderes hierárquicos sobre a Polícia, é dotado de instrumentos para dirigir funcionalmente a atividade de investigação criminal.

3.3.5. A "titularidade" da investigação criminal

O regime jurídico decorrente da CRFB/88 posiciona o Ministério Público, estrategicamente, de forma muito próxima à atividade policial e, especialmente, em relação à investigação criminal. Mas este regime jurídico, afinal de contas, torna o Ministério Público o titular da investigação criminal no Brasil?

Diferentemente do que ocorre em outros países, a legislação brasileira não outorga, ao Ministério Público brasileiro, a titularidade imediata sobre o inquérito policial[44] – este que é o mais consagrado instrumento de investigação criminal no país. Trata-se, como visto, de um procedimento policial, conduzido administrativamente pela Polícia e emergido no *ethos* policial (ÁVILA, 2016a, p. 88-174). Apesar da natureza policial do instrumento, o seu regime jurídico, conforme estabelecido pela CRFB/88, está indissoluvelmente ligado às atribuições do

44. Em Portugal, por exemplo, a investigação criminal é conduzida pelo Ministério Público, que pode delega-la (e, como regra, o faz) à Polícia. Para uma análise comparada do tema, inclusive em Portugal, ver: ÁVILA (2016b, p. 23-128).

Ministério Público. É sob esta perspectiva, inclusive, que se deve interpretar o artigo 2º, parágrafo 1º da Lei 12.830/13.[45]

Considerando as atribuições do Ministério Público enquanto titular privativo da ação penal e controlador externo da atividade policial, a norma contida neste artigo não pode ser interpretada de modo a transformar o inquérito policial (e, por conseguinte, a própria investigação criminal) e um procedimento *exclusivamente* policial, ou seja, em relação ao qual o Ministério Público não exerça controle externo. O veto presidencial ao art. 2º, parágrafo 3º, da mesma Lei 12.830/13 ("O delegado de polícia conduzirá a investigação criminal de acordo com seu livre convencimento técnico-jurídico, com isenção e imparcialidade"), corrobora esta afirmação.[46]

Registre-se, contudo, que o Ministério Público também é titular de um instrumento investigativo de natureza criminal. Trata-se do *procedimento investigatório criminal* (PIC), normatizado pela Resolução n. 181/17, alterado pela Resolução n. 183/17, ambas do Conselho Nacional do Ministério Público. Em relação ao PIC, portanto, o Ministério Público

45. "§ 1º Ao delegado de polícia, na qualidade de autoridade policial, cabe a condução da investigação criminal por meio de inquérito policial ou outro procedimento previsto em lei, que tem como objetivo a apuração das circunstâncias, da materialidade e da autoria das infrações penais." (BRASIL, 2013).

46. Nas razões que levaram ao veto deste dispositivo, a Presidência da República – em evidente menção ao Ministério Público – consignou que: "Da forma como o dispositivo foi redigido, a referência ao convencimento técnico-jurídico poderia sugerir um conflito com as atribuições investigativas de outras instituições, previstas na Constituição Federal e no Código de Processo Penal. Desta forma, é preciso buscar uma solução redacional que assegure as prerrogativas funcionais dos delegados de polícias e a convivência harmoniosa entre as instituições responsáveis pela persecução penal." (*Idem*).

exerce, como regra, controle administrativo imediato sobre a investigação.[47] Neste sentido, o art. 1º da Resolução estabelece (BRASIL, 2017b):

> O procedimento investigatório criminal é instrumento sumário e desburocratizado de natureza administrativa e investigatória, instaurado e presidido pelo membro do Ministério Público com atribuição criminal, e terá como finalidade apurar a ocorrência de infrações penais de iniciativa pública, servindo como preparação e embasamento para o juízo de propositura, ou não, da respectiva ação penal.

Mas, se no caso do PIC, é o próprio Ministério Público o responsável pela condução administrativa e funcional da investigação criminal, isso significa que esta sua atuação não seja submetida a controles? A resposta a esta pergunta depende, novamente, da diferenciação entre os conceitos de controle administrativo (imediato) e funcional (imediato) sobre a investigação criminal.

Assim como no caso do inquérito policial, o Ministério Público exerce controle funcional (técnico-jurídico) sobre a investigação criminal conduzida no PIC: é sua a decisão sobre a instauração, continuidade ou encerramento (arquivamento ou oferecimento de ação penal) das apurações. O controle administrativo – que, no caso do inquérito policial, é exercido pela Polícia –, durante o PIC, todavia, passa a ser compartilhado com a Polícia. E esta conclusão se justifica na medida em que a própria Resolução n. 181/17 reconhece que Ministério

47. Nos autos do Recurso Extraordinário com repercussão geral n. 593.727 (BRASIL, 2015c), o STF reconheceu a capacidade autônoma do Ministério Público para conduzir investigações criminais.

Público e Polícia não se confundem. Lembre-se que o controle administrativo imediato corresponde à possibilidade de execução, por conta própria, de diligências investigativas não invasivas (que não dependam de autorização judicial). Este controle administrativo, todavia, também abrange o controle operacional da apuração. No exercício deste controle operacional, a Polícia detém autonomia para avaliar, planejar e conduzir medidas que dependam de conhecimentos policiais específicos. Os melhores exemplos de medidas desta natureza correspondem às diligências que demandem reserva de jurisdição como, por exemplo, o cumprimento de mandados de busca ou de prisão – medidas estas em que o emprego da força é latente.

Retornando à Resolução n. 181/17, vê-se que, dentre as medidas a serem adotadas pelo Ministério Público, durante a condução do PIC, consta a possibilidade de "acompanhar cumprimento de mandados de prisão preventiva ou temporária deferidas pela autoridade judiciária" (art. 7º, VI) e de requisitar "auxílio de força policial" (art. 7º, X).[48] Nestes casos, a Resolução permite ao Ministério Público contar com apoio operacional da Polícia, o que será relevante, especialmente, em situações que envolvam, potencial ou efetivamente, o emprego da coerção física. Para as situações em que a intervenção policial seja necessária, portanto, é a Polícia quem detém autonomia

48. A possibilidade de o Ministério Público requisitar auxílio da força policial, no exercício de suas funções, não é novidade na legislação brasileira. O art. 26, I, "a" da Lei 8.625/93 prevê que a instituição poderá requisitar condução coercitiva, "inclusive pela Polícia Civil ou Militar" (BRASIL, 1993a). O art. 8º, incisos I, III e IX da LC 75/93, por outro lado, permite ao Ministério Público requisitar, respectivamente, a condução coercitiva de testemunhas, no caso de ausência injustificada, requisitar serviços temporários de servidores públicos da Administração e requisitar o auxílio da força policial (BRASIL, 1993b).

operacional. Nos casos em que, durante o PIC, seja necessária a intervenção policial, portanto, a condução administrativa da investigação – fundamentalmente sob a perspectiva operacional – passa a ser compartilhada entre Polícia e Ministério Público. Mesmo para estas diligências, contudo, o exercício do controle externo permanece sendo executado: nestes casos, ao Ministério Público compete avaliar, *a posteriori*, a legalidade das diligências conduzidas pela Polícia.

Verifica-se, em resumo, que, mais importante do que debater a existência de uma possível "titularidade exclusiva" [49] da iniciativa para a investigação criminal – debate que pode, muito facilmente, desdobrar-se em visões corporativas –, é analisar, cientificamente, como Polícia e Ministério Público interagem reciprocamente, à luz da CRFB/88, durante a realização desta atividade. É inegável, neste sentido, que ambas as instituições atuam de forma concorrente no decorrer da investigação criminal, cada uma no âmbito de suas atribuições. Deve-se reconhecer, portanto, que a investigação criminal é uma atividade que, servindo à formação da opinião delitiva do Estado, é desenvolvida mediante a atuação concorrente de duas instituições organicamente separadas[50]. Polícia e Minis-

---

49. Esta questão foi objeto da Proposta de Emenda Constitucional n. 37/11 (PEC 37), cuja redação impedia, expressamente, que o Ministério Público conduzisse investigações criminais por conta própria. A proposta acabaria arquivada pela Câmara dos Deputados, o que sinaliza o possível entendimento, do Congresso Nacional, de que o distanciamento do Ministério Público da investigação criminal seja inconveniente. Neste sentido, ver: https://www2.camara.leg.br/camaranoticias/noticias/POLITICA/446071-CAMARA-REJEITA-PEC-37-TEXTO-SERA-ARQUIVADO.html. Acesso em 23/08, 19, às 11h32min, horário de Brasília.

50. A possibilidade de reunião da Polícia judiciária e do Ministério Público em uma "grande instituição de promoção da lei penal" chegou a ser debatida na

tério público concorrem para a investigação unidas por um vínculo funcional muito particular, que lhes permite exercer, concomitantemente, diferentes tipos de controle sobre esta atividade. Controles de natureza (técnico-operacional e técnico-jurídico), intensidade e, mais importante, com objetivos distintos, porém complementares.

3.3.6. "O controle do controle": Poder Judiciário e investigação criminal

Viu-se acima que a atividade administrativa do Estado, durante a condução do inquérito policial, é compartilhada entre duas instituições. À Polícia, compete, como regra, o controle administrativo imediato da investigação, o que significa que decisões técnico-operacionais a ela competem. Ao Ministério Público, enquanto titular privativo da ação penal e controlador externo da atividade policial, compete o controle mediato da investigação, ou seja, a sua condução técnico-jurídica, com vistas à formação da opinião delitiva do Estado e ao consequente exercício (ou não) da ação penal pública.

No exercício do controle mediato (técnico-jurídico), compete ao Ministério Público avaliar os fatos em apuração e qualificá-los juridicamente. Cada etapa da investigação corres-

---

Subcomissão do Poder Judiciário e Ministério Público, durante a Assembleia Constituinte de 1987. Os principais debates neste sentido ocorreram no dia 23/04/1987 mas a ideia de fusão entre Polícia e Ministério Público acabou não sendo consagrada no texto constitucional (<www.senado.leg.br/publicacoes/anais/constituinte/3c_Subcomissao_Do_Poder_Judiciario.pdf>). A CRFB/88 acabaria por consagrar, como visto, a direção mediata da investigação criminal pelo Ministério Público, instituição titular privativa da ação penal e controladora da atividade policial.

ponde, neste contexto, a uma análise dos fatos que lhe chegam ao conhecimento. É a partir da análise jurídica dos fatos que o Ministério Público poderá avaliar se é caso de prosseguir com as investigações ou encerrá-las, mediante oferecimento de denúncia ou promoção de arquivamento. A sua intervenção no inquérito policial serve à produção e preservação de provas que lhe permitam exercer a ação penal em juízo.

A conclusão de que o Ministério Público exerça o controle mediato da investigação criminal não significa que ele próprio, Ministério Público, não se submeta a controles. O regime jurídico da investigação criminal pressupõe a existência de controles mútuos e, por vezes, concomitantes, entre os agentes que participam desta atividade: se, ao Ministério Público, compete a condução jurídica da investigação criminal, ao Poder Judiciário competirá o "controle do controle", ou seja, a avaliação sobre o acerto, ou não, da qualificação jurídica dos fatos executada pelo Ministério Público. A atuação técnico jurídica do titular da ação penal, neste contexto, submete-se a controle – igualmente jurídico – exercido pelo Poder Judiciário, a quem compete decidir sobre o acerto, ou não, das conclusões alcançadas pelo Ministério Público.

Retome-se o caso da hipotética investigação de homicídio apresentada linhas atrás. De acordo com o exemplo, o Ministério Público, ao avaliar juridicamente os fatos investigados, entendeu haver indícios de que o caso envolveria, possivelmente, um crime de homicídio qualificado mas que, neste caso, os elementos de prova até então colhidos, seriam insuficientes para se alcançar esta conclusão. Diante disso, requereu a execução de uma medida sujeita a reserva de jurisdição: a busca no domicílio dos suspeitos para a eventual apreensão de elementos que pudessem apontar para o acerto prévio entre os executores do crime e terceira pessoa não identificada. Ao receber este requerimento, o Poder Judiciário realiza nova avaliação jurídica dos fatos e, se convencido que o *standard* probatório até então alcançado é suficiente para a realização da medida, deferirá a realização da busca e apreensão. Caso contrário, a indeferirá.

O regime jurídico afeto à investigação criminal pressupõe, neste contexto, que a realização de certas diligências investigativas se submeta a um duplo controle, a ser realizado pelo titular da ação penal e, concomitantemente, pelo Poder Judiciário, instituição neutra e equidistante em relação à investigação. Ao Poder Judiciário compete, portanto, realizar nova operação intelectiva, de caráter técnico-jurídico, para avaliar se os requisitos legais necessários à diligência pretendida se encontram preenchidos, ou não.

Medidas como a hipotética busca e apreensão ora mencionada sujeitam-se à chamada "reserva de jurisdição": dependem, necessariamente, de autorização judicial para serem realizadas. No caso da busca e apreensão, os requisitos legais que devem ser preenchidos encontram-se no art. 5º, XI da CRFB/88 e art. 245 do CPP/1941. Esta mesma lógica vale, no entanto, para outras medidas invasivas como, por exemplo, a realização de prisões (artigos), interceptações telefônicas, conduções coercitivas ou técnicas especiais de investigação (Lei 12.850/13). Todas estas medidas submetem-se a reserva de jurisdição de modo que, para a concretização delas, a legislação pressupõe concorram Ministério Público e Poder Judiciário.

O controle jurídico que o Poder Judiciário exerce sobre o Ministério Público, contudo, não diz respeito, exclusivamente, à fase de investigação criminal. Ele é exercido, ainda, durante toda a fase judicial da persecução penal. O desenrolar das sucessivas fases da ação penal representam, neste contexto, diferentes fases de controle (jurídico) sobre a imputação. Imagine-se assim, que, encerrada a investigação, o Ministério Público entenda estar configurado o crime objeto do inquérito. Neste caso, ele deverá promover a ação penal por meio do oferecimento de denúncia e, a partir daí, interagir com o Poder Judiciário, o qual será responsável por avaliar as conclusões (jurídicas) alcançadas, pelo Ministério Público, em relação ao produto final da investigação.

Caso o Ministério Público ofereça a denúncia criminal, deve ela preencher requisitos legais específicos (art. 41 do CPP/1941) os quais, uma vez ausentes, obrigam o Poder Judiciário a não a receber (art. 395 do CPP/1941). Por outro lado, caso a denúncia preencha os requisitos legais e o Poder Judiciário a receba, deve o magistrado ou magistrada citar o acusado para apresentar resposta preliminar (art. 396 do CPP/1941). Recebida a resposta, o Poder Judiciário realiza nova avaliação – jurídica – a respeito da imputação e, caso discorde da qualificação jurídica promovida pelo Ministério Público, absolverá sumariamente o réu (art. 397 do CPP/1941). Ultrapassadas todas estas etapas, contudo, e, finalizada a instrução, o Poder Judiciário exercerá o controle derradeiro sobre a imputação: no momento de prolatar a sentença, avaliará todos os fatos sobre os quais recaiu a instrução probatória e absolverá ou condenará o acusado.

A hipótese de arquivamento, prevista na redação original do art. 28 do CPP, ilustra, ainda outra vez, o controle jurídico exercido pelo Poder Judiciário. Naquela situação, caso o magistrado ou magistrada entendesse equivocada a conclusão alcançada pelo Ministério Público[51], deveria remeter os autos às

51. Ao tempo da redação original do art. 28 do CPP, a doutrina afirmava que esta

instâncias revisionais da instituição, de modo que acordo com a redação original do art. 28, contudo, este controle (jurídico) sobre o arquivamento, apesar de existente, seria provisório. Conforme mencionado anteriormente, a nova redação do art. 28 do CPP mantém o controle jurídico sobre o arquivamento, outorgando-o de forma imediata, no entanto, às instâncias revisionais do próprio Ministério Público.

Assim, o Poder Judiciário estruturado a partir de 1988 não é agente ativo da investigação criminal de modo que, como regra, a sua intervenção somente se mostra necessária quando diligências sujeitas à reserva de jurisdição são requeridas pelo Ministério Público (GRINOVER, 1999). Sua aptidão institucional serve, portanto, à salvaguarda de interesses do investigado em relação a eventuais diligências invasivas cuja causa jurídica possa não existir. Vê-se, portanto, que a justificativa teleológica de sua intervenção, no decorrer da investigação criminal, é outra da que existia no século XIX: diferentemente do Poder Judicial imperial – ele próprio, um agente de investigação e formação da culpa – o Poder Judiciário, à luz da CRFB/88, é um garantidor de direitos.[52-53]

---

atividade de controle judicial sobre o arquivamento não deteria natureza mas administrativa (JÚNIOR, 2012) e serviria como instrumento de controle judicial sobre o princípio da obrigatoriedade da ação penal (JARDIM, 1984). A respeito da consagração, ou não, do princípio da obrigatoriedade, ver: GAZOTO (2003).

52. Exceção à regra geral diz respeito às investigações em que magistrados figurem como investigados. Nestas hipóteses, norma de caráter específico (Lei Complementar 35/79) prevê um nível mais intenso de supervisão judicial maior sobre estas investigações. O mesmo ocorre para os casos da competência criminal originária do STF, cujas investigações antecedentes possuem um nível mais acentuado de supervisão judicial, conforme previsão dos artigos 230 a 233 do Regimento Interno da Corte (BRASIL, 2019a).

53. É por estas razões que a norma inserida no art. 13, II do CPP/1941, na parte em que trata da requisição de diligências "pelo juiz" (BRASIL, 1941), deve ser

Este distanciamento estratégico, porém relativo, que o órgão julgador deve assumir perante a investigação criminal serve à garantia de que atuará de forma imparcial no momento em que for instado a decidir sobre medidas que sujeitem o investigado a algum gravame jurídico, seja a decretação de medidas cautelares ou, até mesmo, o próprio recebimento, ou não, de eventual denúncia. Como adverte CALABRICH (2007, p. 156-159), esta posição de neutralidade do órgão julgador não o transforma em "espectador" da investigação ou da instrução processual, mas lhe garante a autonomia para funcionar como garantidor da legalidade dos atos investigatórios.

O distanciamento (relativo) do órgão julgador, frente à investigação criminal, é afirmado pelos arts. 3º-A a 3º-F do CPP, com redação conferida pela Lei 13.964/19, que disciplinam o juizado de garantias. Trata-se, como afirmado anteriormente, de órgão jurisdicional destinado ao "controle da legalidade da investigação criminal e pela salvaguarda dos direitos individuais cuja franquia tenha sido reservada à autorização prévia do

---

considerada não recepcionada com a CRFB/88, ao equiparar o órgão julgador a agente ativo da investigação. Trata-se, efetivamente, de uma importante alteração na dinâmica entre o órgão julgador e a investigação criminal. Em sentido mais profundo, trata-se de uma nova tomada de posição quanto a outro tema muito caro ao estudo do processo: a relação entre o órgão julgador e a verdade. No âmbito do processo penal, a doutrina tradicional indicava que o papel do Poder Judiciário seria a busca da assim chamada "verdade real, enquanto que no processo civil se haveria de buscar a "verdade formal". Para uma introdução a respeito do tema e para uma análise das diferentes "trajetórias" que percorreram (ou percorrem) os processos civil e penal, em suas relações com a prova, ver: BARBOSA MOREIRA (2017). Para uma análise filosófica a respeito das implicações entre Direito e verdade, ver: BELTRÁN (2017). A respeito da atividade judiciária de apropriação dos fatos, ver: TARUFFO (2017), especialmente a segunda, terceira e quarta partes e MARINONI (2015).

Poder Judiciário" (art. 3º-B do CPP). Este magistrado seria responsável, em linhas gerais, por supervisionar a investigação criminal e decidir sobre medidas sujeitas à reserva de jurisdição. Sua competência cessa, justamente, a partir do recebimento da denúncia, momento em que a instrução processual e julgamento seria de responsabilidade do juiz do processo (art. 3º-C).

Conclui-se, desta forma, que há, no desenrolar da investigação criminal, um complexo sistema de freios e contrapesos, sistema por meio do qual todas as instituições envolvidas na atividade exercem atividades a ela essenciais.

CONCLUSÃO

A análise da jurisprudência do STF – especialmente em processos de controle concentrado de constitucionalidade – permite concluir que a dicotomia "acusatório x inquisitivo" foi incorporada ao vocabulário da Corte. Autoriza, além disso, a afirmação de que, para o STF, o modelo de justiça criminal brasileiro, pós-88, detém natureza "acusatória", em contraposição a um modelo "inquisitorial". Também em termos legislativos, como visto, a natureza "acusatória" da Justiça Criminal brasileira também foi reconhecida, por meio da norma contida no art. 3º da Lei 13.964/19.

A este consenso teórico, no entanto, contrapõe-se um grave dissenso a respeito do conteúdo desta "acusatoriedade", dissenso este que se projeta com intensidade em relação à atividade de investigação criminal e, mais especificamente, em relação aos espaços ocupados por cada uma das instituições que dela participam. Afinal de contas, de que forma Polícia, Ministério Público e Poder Judiciário agem e interagem, reciprocamente, durante a investigação criminal, no âmbito deste modelo "acusatório" brasileiro?

Esta resposta, a meu ver, não pode ser obtida a partir da mera invocação retórica da dicotomia "acusatório x inquisitivo".

Ainda que, segundo DAMASKA (1986, p. 3), estes conceitos possuam, de fato, conteúdo mínimo razoavelmente delimitado – o sistema inquisitivo seria, segundo este autor, estruturado na forma de uma investigação oficial, enquanto o sistema acusatório o seria na forma de uma disputa entre partes isonômicas –, para além daí, há graves incertezas relacionadas, justamente, à forma como a Polícia, as partes e o órgão julgador interagem reciprocamente. Para retomar a provocação de DAMASKA: o quão passivo seria o órgão julgador? O quão intenso seriam, de um lado, os poderes instrutórios oficiais e, de outro lado, a capacidade de conformação das partes sobre o procedimento? Os conceitos de "acusatório" e "inquisitivo", enquanto tipos ideais, são incapazes, a meu ver, de responder a estas perguntas.

Tais tipos ideais, por se tratarem de aproximações conceituais destinadas à simplificação da realidade, acabam por não capturar a natureza contingente, no espaço e no tempo, dos modelos processuais que buscam sistematizar. Esta contingência não está relacionada, no entanto, aos modelos processuais em si, mas à técnica mesma utilizada para a construção deles, ou seja, ao próprio Direito. Os institutos processuais penais (e isso não é exclusividade do processo, mas, também, do direito material) representam a projeção dogmática de uma decisão implementada em um determinado momento histórico. Uma alternativa que sobressaiu, politica e socialmente, dentre tantas outras possíveis, e que serviu de resposta a um desafio específico que se punha àquele corpo social, naquele específico contexto. A natureza estática dos tipos ideais não captura, em outras palavras, o "universo submerso de valores históricos" a que GROSSI faz referência e que se encontra por detrás do formalismo e da aparente impessoalidade técnica dos institutos e normas jurídicas. Para o professor italiano (2014, p. 6-7):

> Muitas vezes uma determinada escolha técnica na elaboração de um instituto jurídico é o sinal de uma escolha mais importante ocorrida no nível do costume jurídico, chega a ter uma base antropológica, diz respeito à visão de uma civilização histórica sobre as relações essenciais entre homem, sociedade e natureza. É o terreno das mentalidades, força invisível, impalpável, mas incisiva, que imprime ao universo jurídico um caráter preciso.

O reconhecimento de que os institutos jurídicos representam, apenas, as "pontas visíveis" (GROSSI, 2014, p. 6) do substrato elementar de uma determinada civilização histórica, leva-nos a questionar, neste sentido, a capacidade dos tipos ideais de sintetizarem a(s) mentalidade(s) jurídica(s) que serviram de matéria prima para a consolidação das normas e institutos jurídicos. E, sem a percepção desta incapacidade, a tentativa de compreensão, e aplicação prática, do Sistema de Justiça Criminal brasileiro corre o risco de se transformar em decisionismo estéril. É por este motivo que, ainda GROSSI, afirma a necessidade de se promover uma "dupla leitura" dos institutos jurídicos, leitura esta que (2014, p. 7):

> [...] esclareça, preliminarmente, a invenção técnica, o mecanismo técnico chamado a regular determinados aspectos da vida social mas [que] não pode deter-se nesse nível formal. O prudente conhecimento das técnicas criadas por legisladores, juízes, notários, doutores e por particulares deve ser entendido como o instrumento para se aprofundar mais e recuar mais no tempo; é o pressuposto indispensável para apreender esse reticulado não escrito, mas presente e premente, que é o terreno das mentalidades jurídicas.

No caso brasileiro, este processo de "dupla leitura" detém especial relevância para o processo penal, e, mais especificamente, para a compreensão do aspecto dinâmico da investigação criminal, na medida em que a estrutura desta atividade permanece, ainda hoje, regulada, em sua essência, por normas decretadas na década de 1940, durante o regime do Estado Novo.[1] E, ao se analisar a exposição de motivos do CPP/1941, constata-se que este modelo de investigação – um "processo preliminar ou preparatório à ação penal" – foi "mantido" (BRASIL, 1941b), em detrimento de alternativas à época discutidas, como era o caso do juizado de instrução.[2] Há fundados indícios, portanto, de que, em paralelo às rupturas históricas, haja uma possível continuidade na forma como a investigação criminal vem sendo executada, no Brasil, desde, pelo menos a segunda metade do século XIX.

Esta "dupla leitura" mostra-se fundamental, ainda, porque, se a dogmática a respeito da investigação remonta ao passado, as bases fundamentais do Sistema de Justiça Criminal brasileiro foram reestruturadas em 1988. Conforme destaquei no terceiro capítulo, trata-se de um modelo em que o Ministério Público passou a executar atribuições inéditas no constitucionalismo brasileiro: não só a CRFB/88 lhe posicionou, estrategicamente, entre Polícia e Justiça, como lhe conferiu os instrumentos para

1. A afirmação de que a estrutura básica da investigação criminal permanece a mesma, desde a decretação do CPP/1941, leva em consideração a suspensão da eficácia, pelo STF, dos artigos 3º-A a 3º-F, inseridos no CPP por meio da Lei 13964/19 (BRASIL, 2020).
2. Uma possível justificativa para a manutenção desta específica estrutura de investigação criminal – caracterizada pela iniciativa quase que exclusivamente policial – possa estar ligada à deliberada intenção de manter a persecução penal sob a influência direta do Poder Executivo. Esta conclusão não é, de fato, corroborada por dados históricos seguros. Mas atuação do Executivo, no âmbito da Justiça Criminal brasileira, é fartamente documentada pela historiografia, conforme destacado no segundo capítulo.

conformar, funcionalmente, a investigação criminal, instrumento por excelência da ação penal (art. 129, I, VII e VIII da CRFB/88). Vê-se, assim, que, hoje, o Ministério Público exerce atribuições, no âmbito do Sistema de Justiça Criminal brasileiro, que sequer existiam quando da decretação do CPP/1941. Neste contexto, muitas das incertezas relacionadas à estrutura dinâmica da investigação criminal, no Brasil do século XXI, podem estar associadas, justamente, à compreensão desta atividade a partir da estrutura consagrada décadas atrás, ignorando-se ou relativizando-se os impactos decorrentes da ordem constitucional pós-88. Exemplo desta possível influência do passado aparece na fala do Ministro Ayres Britto, durante o julgamento do HC 82.354, oportunidade em que, ao debater a natureza jurídica do inquérito policial, ele afirmou – em passagem já mencionada neste trabalho – que "caracterizar o que seja inquérito policial, para mim, permanece uma incógnita" (BRASIL, 2004b).

Assim, a atual dificuldade no estabelecimento do conteúdo da "acusatoriedade" de nossa Justiça Criminal possa estar relacionada, justamente, à estranheza provocada pelo fato de que continuamos a pensar o presente, não só a partir de estruturas concretizadas no passado, como de modelos teóricos alheios à nossa própria – e desconhecida – realidade. Não é exagero afirmar, neste sentido, que a compreensão da atividade de persecução penal dependa de uma ressignificação que sirva ao preenchimento do conteúdo desta "acusatoriedade. Esta tarefa pode ser auxiliada, a seu turno, com o conhecimento do passado, conhecimento este que assume, na linha de COSTA (2010, p. 65), contornos funcionais, apresentando-se como "um instrumento empregado para resolver um problema teórico ou prático do seu presente". É sob esta perspectiva que se cruzam os caminhos do Direito e da História: o entendimento de como agem, e interagem, reciprocamente, os agentes que concorrem para a investigação criminal, depende, menos de modelos abstratos importados, e mais da arqueologia das mentalidades jurídicas da nossa realidade histórica associada a uma sólida pesquisa dogmático-constitucional.

A despeito das incertezas relacionadas ao tema, deve-se ressaltar a importância estrutural, para o delineamento do Sistema de Justiça Criminal, da jurisprudência constitucional do STF. As manifestações da Corte representam importantes marcos, responsáveis por fixar os limites dinâmicos desta atividade, especialmente a partir de 1988. De acordo com o STF, por exemplo, o modelo brasileiro não é compatível com o grau máximo de intervenção judicial sobre a atividade de investigação criminal. Sistemas com "grau máximo de intervenção judicial" correspondem, na minha visão, a modelos em que a iniciativa para a investigação dependa de autorização judicial ou em que as próprias diligências investigativas sejam executadas, direta ou indiretamente, pelo Poder Judiciário. No caso da ADI 5104, por exemplo, a Corte entendeu ser constitucionalmente inviável que a própria instauração de investigações criminais eleitorais dependa de autorização judicial, sob pena de desvirtuamento das funções institucionais do Ministério Público. Já no caso das ADI`s 1517 e 1570, por outro lado, o tribunal considerou incompatível com a CRFB/88 a possibilidade de o juiz ou juíza realizarem, pessoalmente, diligências em investigações de organizações criminosas.

Mas se, por um lado, o STF entende não ser possível, como regra, um modelo de "intervenção judicial máxima", isso não significa, por outro lado, que o sistema brasileiro não admita algum nível de supervisão judicial sobre a investigação. Casos que digam respeito, por exemplo, a possíveis crimes cometidos por magistrados possuem regulamentação legal própria. Mesmo nestas situações, ainda que o juiz natural (no caso, um tribunal colegiado) exerça consideráveis poderes diretivos sobre a investigação criminal, o STF ressalva que as atribuições constitucionais do Ministério Público devam ser preservadas. É inconstitucional, neste sentido, norma regulamentar de tribunal de justiça que impeça o titular privativo da ação penal de formar a sua opinião delitiva, conforme estabelecido na ADI 4693. Assim, mesmo em situações nas quais a intensidade da supervisão judicial seja maior, ela não deve ser de tal monta que desnature o papel institucional do Ministério Público.

Nem sempre, no entanto, a jurisprudência constitucional do STF servirá como farol seguro para o preenchimento do conteúdo dinâmico do modelo de investigação criminal brasileiro. A análise minuciosa dos votos proferidos, mesmo nos casos em que se identifica algum nível de consenso, aponta ainda haver importantes controvérsias acerca dos papeis institucionais de Polícia, Ministério Público e Poder Judiciário. Assim, ainda que a jurisprudência do STF seja, de fato, instrumento relevante para a compreensão do modelo de Justiça Criminal pós-88, também ela deve ser analisada com olhos críticos. Somente assim, a meu ver, poderemos contribuir, na linha do Ministro Sepúlveda Pertence, para a construção da *nossa versão de processo acusatório*.

REFERÊNCIAS

ABADE, Denise Neves. **Garantias do Processo Penal Acusatório**. Rio de Janeiro: Renovar, 2005

ALSCHULER, Albert W.; DEISS, Andrew G. **A Brief History of the Criminal Jury in the United States**. The University of Chicago Law Review, v. 61, n. 3, p. 867, 1994.

AMBOS, Kai; LIMA, Marcellus Polastri. **O processo acusatório e a vedação probatória perante as realidades alemã e brasileira**: com a perspectiva brasileira já de acordo com a reforma processual de 2008 - Leis 11.689 e 11.719. Porto Alegre: Livraria do Advogado, 2009.

BERMANN, A.; PICARD, E. **Processo penal**. In: PRADEL, J. Introdução ao direito francês. Rio de Janeiro: Forense, 2011

ALMEIDA JUNIOR, João Mendes de. **O Processo Criminal Brazileiro**. 2. ed. Aument. v. 1 e 2 Rio de Janeiro: 1911.

ANDRADE, Mauro Fonseca. **Sistemas Processuais Penais e Seus Princípios Reitores**. Curitiba: Juruá, 2013.

ANDRADE, Mauro Fonseca; FISCHER, Douglas. **Investigação Criminal pelo Ministério Público**. Porto Alegre: Livraria do Advogado, 2018.

ÁVILA, Thiago André Pierobom de. **Fundamentos do Controle Externo da Atividade Policial**. Belo Horizonte: D'Plácido, 2016a.

———. **Investigação Criminal: O Controle Externo da Direção Mediata Pelo Ministério Público**. Curitiba: D'Plácido, 2016b.

BARMAN, Roderick J. **Brazil, the Forging of a Nation**. Stanford: Stanford University Press, 1994.

———. **Imperador Cidadão**. São Paulo: Editora Unesp, 2012.

BASTOS, Tavares. **Estudo Sobre a Descentralização no Brasil**. Rio de Janeiro: B.L. Garnier, 1870.

BELTRÁN, Jordi Ferrer. **Prova e Verdade no Direito**. São Paulo: Revista dos Tribunais, 2017.

BONELLI, M. D. G. **Perfil social e de carreira dos delegados de polícia**. In: SADEK, M. T. *Delegados de polícia (online)*. Rio de Janeiro: Centro Edelstein de Pesquisas Sociais, 2009

BORGES, Clara Maria Roman. **Um olhar para além dos sistemas processuais penais**. Revista Brasileira de Ciências Criminais, vol. 104/2013, p. 147, 2013

BRASIL. **Annaes do parlamento brazileiro**: Câmara dos senhores deputados. Primeiro anno da sétima legislatura. Sessão de 1848. Tomo segundo. Rio de Janeiro: Typographia de H. J. Pinto. Disponível em: <http://bndigital.bn.br/acervo-digital/Annaes-do--parlamento/132489>. Acesso em: 31 out. 2019.

_______. **Annaes do parlamento brazileiro**: Câmara dos senhores. Deputados, segundo anno da nona legislatura, sessão de 1854. Rio de Janeiro, 1876. Disponível em: <http://bndigital.bn.br/acervo-digital/Annaes-do-parlamento/132489>. Acesso em: 9 dez. 2018

_______. **Annaes do parlamento brasileiro**: Câmara dos senhores deputados. Primeiro ano da décima legislatura. Sessão de 1857. Rio de Janeiro: Typographia Imperial e Constitucional de J. Villeneuve & Comp. Disponível em: <http://bndigital.bn.br/acervo-digital/Annaes-do-parlamento/132489>. Acesso em 31 out. 2019.

———. **Anais do Senado**. Livro 3. Secretaria especial de editoração e publicações, subsecretaria de anais do senado federal, 1871.

Brasília, 1871a. Disponível em: <http://www.senado.leg.br/publicacoes/anais/pdf/Anais_Imperio/1871/1871%20Livro%203.pdf>. Acesso em: 9 dez. 2018.

———. Câmara dos Deputados. **Projeto de lei 8.045/2010**. Brasília, 2010. Disponível em: <https://www.camara.leg.br/proposicoesWeb/fichadetramitacao?idProposicao=490263>Acesso em 31 out. 2019.

———. **Código de processo criminal**. Promulga o código do processo criminal de primeira instância com disposição provisória acerca da administração da justiça civil. Rio de Janeiro. Disponível em: <http://www.planalto.gov.br/ccivil_03/leis/lim/LIM-29-11-1832.htm>. Acesso em: 9 dez. 2018.

———. Conselho da Justiça Federal. **Resolução nº 63 de 26 de junho de 2009**. Brasília, 2009. Disponível em: <https://www2.cjf.jus.br/jspui/handle/1234/5547>. Acesso em 31 out. 2019

———. Conselho Nacional do Ministério Público. **Resolução n. 20, de 28 de maio de 2007**. Brasília, 2007. Disponível em: <https://www.cnmp.mp.br/portal/atos-e-normas/norma/479 >. Acesso em 31 out. 2019.

———. Conselho Nacional do Ministério Público. **Modelos de ministério público**. Brasília, 2011. Disponível em: <http://www.cnmp.mp.br/portal/images/stories/Destaques/Publicacoes/Revista_cnmp_vol1_para_web.pdf>. Acesso em: 31 out. 2019

———. Conselho Nacional do Ministério Público. **Resolução n. 181, de 7 de agosto de 2017**. Brasília, 2017. Disponível em: <http://www.cnmp.mp.br/portal/images/Resolucoes/Resolu%C3%A7%C3%A3o-181.pdf>. Acesso em: 18 out. 2019, 2017b

———. Presidência da República. **Constituição da república federativa do brasil de 1988**. Brasília, 1988. Disponível em: <http://www.planalto.gov.br/ccivil_03/Constituicao/ConstituicaoCompilado.htm>. Acesso em: 18 out. 2019, 1988

———. Presidência da República. **Decreto n. 4.824, de 22 de novembro de 1871**. Regula a execução da lei nº 2033 de 24 de setembro do corrente ano, que alterou diferentes disposições da legislação judiciaria. Rio de Janeiro, 1871b. Disponível em: <http://www.planalto.gov.br/ccivil_03/decreto/historicos/dim/DIM4824.htm>. Acesso em: 9 dez. 2018.

———. Senado Federal. **Decreto n. 8.259 – de 29 de setembro de 1910**. Aprova o código do processo criminal do districto federal. Rio de Janeiro, 1910. Disponível em: <http://legis.senado.leg.br/norma/592098/publicacao/15627539>. Acesso em: 16 ago. 2019.

———. Presidência da República. **Decreto-lei n. 3.689, de 3 de outubro de 1941**. Código de processo penal. Rio de Janeiro, 1941a. Disponível em: <http://www.planalto.gov.br/ccivil_03/Decreto-Lei/Del3689.htm>. Acesso em: 8 set. 2019, 1941.

———. **Exposição de motivos do código de processo penal**. Rio de Janeiro, 1941b.

———. Ministério Público Federal. **Orientação conjunta n. 01/2015**. Brasília, 2015. Disponível em: <http://www.mpf.mp.br/atuacao-tematica/ccr2/orientacoes>. Acesso em 31 out. 2019.

———. Presidência da República. **Lei n. 105, de 12 de maio de 1840**. Interpreta alguns artigos da reforma constitucional. Rio de Janeiro, 1840. Disponível em: <http://www.planalto.gov.br/ccivil_03/LEIS/LIM/LIM105.htm>. Acesso em: 15 ago. de 2019.

———. Presidência da República. **Lei n. 2.033 de 20 de setembro de 1871**. Altera diferentes disposições da legislação judiciária. Rio de Janeiro, 1871. Disponível em: <http://www.planalto.gov.br/ccivil_03/leis/lim/LIM2033.html>. Acesso em: 9 dez. 2018, 1871c

———. Presidência da República**. Lei complementar n. 40, de 14 de dezembro de 1981**. Brasília, 1981. Disponível em: <http://www.planalto.gov.br/ccivil_03/Leis/LCP/Lcp40.htm>. Acesso em: 18 out. 2019.

———. Presidência da República. **Lei 8.625, de 12 de fevereiro de 1993**. Brasília, 1993. Disponível em: <http://www.planalto.gov.br/CCIVIL_03/Leis/L8625.htm>. Acesso em 31 out. 2019. 1993a.

———. Presidência da República . **Lei complementar n. 75, de 20 de maio de 1993**. Brasília, 1993. Disponível em: <http://www.planalto.gov.br/ccivil_03/Leis/LCP/Lcp75.htm>. Acesso em 31 out. 2019. 1993b

_______. Presidência da República**. Lei n. 12.850 de 2 de agosto de 2013**. Brasília, 2013. Disponível em: <http://www.planalto.gov.br/ccivil_03/_Ato2011-2014/2013/Lei/L12850.htm>

———. Presidência da República. **Lei n. 12.830, de 20 de junho de 2013**. Disponível em: <http://www.planalto.gov.br/ccivil_03/_ato2011-2014/2013/lei/l12830.htm>. Acesso em 31 out. 2019.

______. Presidência da República. **Lei n. 13.964, de 24 de dezembro de 2019.** Disponível em: <http://www.planalto.gov.br/ccivil_03/_ato2019-2022/2019/lei/L13964.htm>. Acesso em 08 mar. 2020.

———. Relatório da repartição dos negócios da justiça apresentado à assembleia geral legislativa, na 1a sessão da 16a legislatura pelo respectivo ministro e secretário de estado dos negócios da justiça conselheiro diogo velho cavalcanti de albuquerque. Rio de Janeiro: Instituto Typographico do Direito. Rio de Janeiro, 1877. Disponível em: <http://ddsnext.crl.edu/services/download/form/1993>. Acesso em: 15 ago. 2019.

———. Senado Federal. **Fallas do throno desde o anno de 1823 até o anno de 1889**: acompanhadas dos respectivos votos de graças da camara temporaria e de differentes informações e esclarecimentos sobre todas as sessões extraordinarias, adiamentos, dissoluções, sessões secretas e fusões com um quadro das epochas e motivos que deram lugar a reunião das duas camaras e competente histórico. Rio de Janeiro, 1889: Disponível em: <http://www2.senado.leg.br/bdsf/item/id/227319>. Acesso em: 9 dez. 2018.

———. Senado Federal. **Regulamento n. 120, de 31 de janeiro de 1842**. Regula a execução da parte policial e criminal da lei nº 261 de 3 de dezembro de 1841. Rio de Janeiro, 1842. Disponível em: <http://legis.senado.leg.br/norma/589222/publicacao/15634423>. Acesso em 31 out. 2019.

———. Supremo Tribunal Federal. **Habeas corpus n. 67.759/RJ**, Rel. Ministro Celso de Mello, Tribunal Pleno, julgado em 06 ago.

1992, Diário de Justiça, 1º jul. 1993. Disponível em: <http://portal.stf.jus.br/processos/detalhe.asp?incidente=1491852>. Acesso em 31 out. 2019.

———. Supremo Tribunal Federal. **Habeas corpus n. 73.271/SP**, Rel. Ministro Celso de Mello, Primeira Turma, julgado em 19 mar.1996, Diário de Justiça 04 out. 1996. Disponível em: <http://portal.stf.jus.br/processos/detalhe.asp?incidente=1627998>. Acesso em 31 out. 2019.

———. Supremo Tribunal Federal. **Ação direta de inconstitucionalidade n. 1517**, Min. Relator Maurício Corrêa, Tribunal Pleno, julgada em 30 abr. 1997, Diário de Justiça 22 nov. 2002. Disponível em: <http://portal.stf.jus.br/processos/detalhe.asp?incidente=1653231>. Acesso em 31 out. 2019.

———. Supremo Tribunal Federal. **Ação direta de inconstitucionalidade n. 132/RO**. Min. Relator Sepúlveda Pertence, Tribunal Pleno, julgada em 30 abr. 2003, Diário de Justiça 30 mai. 2003. Disponível em: <http://portal.stf.jus.br/processos/detalhe.asp?incidente=1492120>. Acesso em 31 out. 2019.

———. Supremo Tribunal Federal. **Ação direta de inconstitucionalidade n. 1.570**, Min. Relator Maurício Corrêa, Tribunal Pleno, julgada em 12 fev. 2004, Diário de Justiça 27 fev. 2004. Disponível em: <http://portal.stf.jus.br/processos/detalhe.asp?incidente=1662827>

———. Supremo Tribunal Federal. **Habeas corpus n. 82.354/PR**. Min. Relator Sepúlveda Pertence, Primeira Turma, julgado em 10 ago. 2004, Diário de Justiça 29 abr. 2004. Disponível em: <http://portal.stf.jus.br/processos/detalhe.asp?incidente=2047334>. Acesso em 31 out. 2019

———. Supremo Tribunal Federal. **Ação direta de inconstitucionalidade n. 3367/DF**. Min. Relator Cezar Peluso, Tribunal Pleno, julgada em 13 abr. 2005, Diário de Justiça 22 set. 2006

———. Supremo Tribunal Federal. **Arguição de descumprimento de preceito fundamental** n. 153/DF. Rel. Ministro Luiz Fux, julgada em 29 abr. 2010, Diário de Justiça 06 ago. 2010

———. Supremo Tribunal Federal. **Medida cautelar na ação direta de inconstitucionalidade n. 5.104/DF**. Tribunal Pleno. Min. Relator Luis Roberto Barroso, julgada em 21 mai. 2014, Diário de Justiça em 30 fev. 2014. Disponível em: <http://portal.stf.jus.br/processos/detalhe.asp?incidente=4552009>

———. Supremo Tribunal Federal. **Ação direta de inconstitucionalidade n. 5.240/SP**. Min. Relator Luiz Fux, liminar apreciada em 20 ago. 2015, Diário de Justiça 01 fev. 2016. Disponível em: <http://portal.stf.jus.br/processos/detalhe.asp?incidente=4711319>

———. Supremo Tribunal Federal. **Recurso extraordinário com repercussão geral n. 593.727/MG**. Min. Relator Cezar Peluso, Tribunal Pleno, julgamento em 14 mai. 2015, Diário de Justiça 08 set. 2015. Disponível em: <http://portal.stf.jus.br/processos/detalhe.asp?incidente=2641697>

———. Supremo Tribunal Federal. **Habeas corpus n. 114.093/PR**. Min. Relator para o acórdão Alexandre de Moraes, Primeira Turma, julgamento em 03 out. 2017, Diário de Justiça 21 fev. 2018. Disponível em: <http://portal.stf.jus.br/processos/detalhe.asp?incidente=4262598>. Acesso em 31 out. 2019.

———. Supremo Tribunal Federal. **Habeas corpus n. 137.637/DF**. Min. Relator Luiz Fux, Primeira Turma, julgado em 06 de mar. 2018, Diário de Justiça 25 abr. 2018a. Disponível em: <http://portal.stf.jus.br/processos/detalhe.asp?incidente=5064467>. Acesso em 31 out. 2019.

———. Supremo Tribunal Federal. **Medida cautelar na ação direta de inconstitucionalidade n. 6.028/MG**. Min. Relator Marco Aurélio, Tribunal Pleno, julgado em 02 out. 2018, diário de justiça 04 out. 2018. 2018b. Disponível em: <http://portal.stf.jus.br/processos/detalhe.asp?incidente=5557503>. Acesso em 31 out.2019.

———. Supremo Tribunal Federal. **Ação direta de inconstitucionalidade n. 4.693**. Min. Relator Alexandre de Moraes, Tribunal Pleno, julgado em 11 out. 2018, Diário de Justiça 30 out. 2018. Disponível em: <http://portal.stf.jus.br/processos/detalhe.asp?incidente=4173868>. Acesso em 31 out. 2019.

______. Supremo Tribunal Federal. **Medida cautelar no mandado de segurança n. 35.955/DF**. Min. Relator Luiz Fux, julgado em 30 ago. 2018, Diário de Justiça 03 set. 2018. 2018c. Disponível em: <http://portal.stf.jus.br/processos/detalhe.asp?incidente=5536396>. Acesso em 31 ut. 2019

______. Supremo Tribunal Federal. **Regimento interno**. Brasília, 2019. Disponível em: <http://www.stf.jus.br/portal/cms/verTexto.asp?servico=legislacaoRegimentoInterno>. Acesso em: 12 out., 2019a

______. Supremo Tribunal Federal. **Repercussão geral no recurso extraordinário n. 660.814/MT**. Brasilia, 2019b. Disponível em: <http://portal.stf.jus.br/processos/detalhe.asp?incidente=4155682>. Acesso em 31 out. 2019.

______. Supremo Tribunal Federal. **Ação direta de inconstitucionalidade n. 5.520/SC**. Min. Relator Alexandre de Moraes, Tribunal Pleno, julgado em 06 set. 2019, DIário de Justiça 20 set. 2019. Disponível em: <http://portal.stf.jus.br/processos/detalhe.asp?incidente=4979565>. Acesso em 31 out. 2019.

______. Supremo Tribunal Federal. **Medida cautelar nas ações diretas de inconstitucionalidade n. 6298, 6299, 6300 e 6305/DF.** Min. Relator Luiz Fux, julgado em 22 jan. 2020, Diário de Justiça 03 fev. 2020. Disponível em: <http://portal.stf.jus.br/processos/detalhe.asp?incidente=5840274>. Acesso em 08 mar. 2020.

CALABRICH, Bruno. **Investigação Criminal Pelo Ministério Público**. São Paulo: Revista dos Tribunais, 2007.

CAMPOS, Adriana Pereira; SLEMIAN, Andréa *et al.* **Juízes De Paz: Um Projeto de Justiça Cidadã Nos Primórdios Do Brasil Império**. Curitiba: Juruá, 2017

CARNEIRO, Paulo Cezar Pinheiro. **O Ministério Público no Processo Civil e Penal**. Rio de Janeiro: Revista dos Tribunais, 1992.

CARVALHO, José Murilo de. **A Construção da Ordem: A Elite Política Imperial. Teatro Das Sombras: A Política Imperial**. Rio de Janeiro: Civilização Brasileira, 2017

CORTE INTERAMERICANA DE DIREITOS HUMANOS. Caso 11.552 Julia Gomes Lund e outros (guerrilha do araguaia) contra a República Federativa do Brasil, julgamento em 26 mar. 2009. Disponível em: <http://www.oas.org/pt/cidh/decisiones/demandas.asp>. Acesso em 31 out. 2019.

COSTA, Paula Bajer Fernandes Martins. **Sobre a posição da polícia judiciária na estrutura do direito processual penal brasileiro da atualidade**. Revista Brasileira de Ciências Criminais, 26/1999, 213-220, 1999

COSTA, Pietro. **Soberania, Representação, Democracia: Ensaio De História Do Pensamento Jurídico**. Curitiba: Juruá, 2010.

COSTA, Pietro, ZOLO, Danilo. **O Estado de Direito: História, Teoria, Crítica**. São Paulo: Martins Fontes, 2006

COUTINHO, Jacinto Nelson de Miranda. **Introdução aos princípios gerais do processo penal brasileiro**. Revista da Faculdade de Direito da UFPR, 30, 163-198, 1998

CUNHA, Vítor Souza. **Acordos de Admissão de Culpa No Processo Penal: Devido Proesso, Efetividade, Garantias**. Salvador: Juspodivm, 2019.

DAMASKA, Mirjan R. **The Faces of Justice and State Authority**. Yale University Press, 1986.

DE VASCONCELLOS, Vinicius Gomes. **O "sistema acusatório" do processo penal brasileiro: Apontamentos acerca do conteúdo da acusatoriedade a partir de decisões do supremo tribunal federal.** Direito, Estado e Sociedade, n. 47, p. 181 a 204, 2015

DELMAS-MARTY, Mireille; SPENCER, J. R. **European Criminal Procedures**. Cambridge: 2002.

DIAS, João Paulo. **O Papel Do Ministério Público Estudo Comparado Dos Países Latino-Americanos**. Coimbra: Almedina, 2008.

DIAS, JOÃO PAULO; FERNANDO, PAULA *et al.* **O ministério público em Portugal**. In: DIAS, J. P. *O papel do ministério público: Estudo comparado dos países latino-americanos.* Coimbra: Almedina, 2008

ESMEIN, A. **Histoire de la procèdure criminelle en France: et specialement de la procèdure inquistoire depois le XIIIe siècle jusqu'a nos jours**. Paris: Libraires-Éditeurs, 1882.

FARNSWORTH, Allan E. **An introduction to the legal system of the United States.** Fourth edition. New York: Oxford University Press, 2010.

FAUSTO, Boris. **História do Brasil**. São Paulo: Editora da Universidade de São Paulo, 2015.

FISHER, George. **Plea Bargaining's Triumph - a History of Plea Bargaining in America**. Stanford: Stanford University Press, 2003.

FLORY, Thomas. **Judge and Jury in Imperial Brazil, 1808–1871**. Univerty of Texas Press, 2015.

FONTELES, C. L. **Reflexões sobre o promotor natural**. Brasília: Escola Superior do Ministério Público da União: Fundação Procurador Pedro Jorge de Melo e Silva. Disponível em: <https://escola.mpu.mp.br/publicacoes/obras-avulsas/e-books/ministerio-publico-federal-2013-visao-do-bienio-200320132005-2013-claudio-fonteles/@@download/arquivo/Minist%C3%83%C2%A9rio%20P%C3%83%C2%BAblico%20Federal%20-%20Claudio%20Fonteles.pdf>. Acesso em 31 out. 2019.

GAZOTO, Luís Wanderley. **O Princípio da não-obrigatoriedade da ação Penal Pública: Uma Crítica Ao Formalismo Do Minsitério Público**. São Paulo: Manole, 2003.

GRANDE, Elisabetta. **Dances of Criminal Justice: Thoughts on Systemic Differences and the Search for the Truth**. In: Crime, procedure and evidence in comparative and international context: essays in hounour of Professor Mirjan Damaška. Portland: Hart Publishing, 2088, p. 145–164.

GRINOVER, Ada Pellegrini. **A iniciativa instrutória do juiz no processo penal acusatório**. Revista Brasileira de Ciências Criminais, 27/1999, 71-79, 1999

GROSSI, Paolo. **A Ordem Jurídica Medieval**. São Paulo: Juruá, 2014.

HANS, Valerie P; GERMAIN, Claire M. **The French Jury at a Crossroads.** Chi.-Kent L. Rev. 737, v. 86, p. 33, 2011.

HODGSON, Jacqueline. **French Criminal Justice: A Comparative Account of the Investigation and Prosecution of Crime in France.** Oxford: Hart Publishing, 2005.

HOLLOWAY, Thomas H. **Polícia no Rio De Janeiro.** Rio de Janeiro: Editora FGV, 1997.

ITÁLIA. **Costituzione della repubblica italiana.** Disponível em: <https://www.senato.it/documenti/repository/istituzione/costituzione.pdf>. Acesso em: 2012

JACKSON, John; LANGER, Máximo *et al.* **Crime, Procedure and Evidence in Comparative and International Context: Essays in Hounour of Professor Mirjan Damaška.** Portland: Hart Publishing, 2008.

JACOBY, Joan E.; RATLEDGE, Edward C. **The Power of the Prosecutor: Gatekeepers of the Criminal Justice System.** Praeger, 2016.

JARDIM, Afrânio Silva. **Arquivamento e desarquivamento do inquérito policial.** Revista de Processo, 35/1984, 264-276, 1984

JÚNIOR, Tércio Sampaio Ferraz. **Do arquivamento do inquérito no código de processo penal.** Doutrinas Essenciais Processo Penal, vol. 2, 515-522, 2012

KERCHE, F. **O ministério público e a constituinte de 1987/88.** In: SADEK, M. T. *O sistema de justiça [online].* Rio de Janeiro: Centro Edelstein de Pesquisas Sociais, 2010

KOERNER, Andrei. **Judiciário e Cidadania na Constituição da República Brasileira (1841-1920).** Curitiba: Juruá, 2010.

LANGBEIN, John H. **Shaping the Eighteenth-Century Criminal Trial: A View from the Ryder Sources.** The University of Chicago Law Review, v. 50, n. 1, p. 1, 1983.

_______. **The English Criminal Trial Jury on the Eve of the French Revolution. The Trial Jury in England, France, Germany 1700-1900,** n. Duncker & Humblot, p. 28, 1987.

________. **The origins of adversary criminal trial**. Oxford Studies in Modern Legal History. New York: Oxford University Press.

LANGER, Máximo. **From legal transplants to legal translations: The globalization of plea bargaining and the americanization thesis in criminal procedure**. Harv. Int'l LJ, 45, 2004.

———. **The long shadow of the adversarial and inquisitorial categories**. In: Dubber, M. D.; T. Hörnle. *The oxford handbook of criminal law*. OUP Oxford, 2014

LINDBEKK, Tore. **The weberian ideal-type: Development and continuities**. Acta Sociologica, 35, 285-297, 1992.

LOPES JR., Aury; GLOECKNER, Ricardo Jacobsen. **Investigação Preliminar No Processo Penal**. São Paulo: Saraiva, 2014.

LOPES, José Reinaldo De Lima. **O Direito Na História - Lições Introdutórias**. São Paulo: Atlas, 2014.

———. **História da justiça e do Processo no Brasil do Século XIX**. Curitiba: Juruá, 2017.

LOPES, José Reinaldo de Lima; QUEIROZ, Rafael Mafei Rabelo *et al.* **Curso De História Do Direito**. Rio de Janeiro: Saraiva, 2013.

MARINONI, Luiz Guilherme. **Prova e Convicção**. São Paulo: Revista dos Tribunais, 2015.

MARQUES, José Frederico. **Elementos De Direito Processual Penal**. Campinas: Bookseller, 1998.

MAZZILLI, Hugo Nigro. **A natureza das funções do ministério público e sua posição no processo penal**. Revista dos Tribunais, 805/464, 2002

MCBAINE, J. P. **Burden of Proof: Degrees of Belief**. California Law Review, v. 32, n. 3, p. 242, 1944.

MISSE, Michel. **O inquérito policial no brasil: Resultados gerais de uma pesquisa**. DILEMAS: Revista de Estudos de Conflito e Controle Social, 3, 35-50, 2010

MOREIRA, José Carlos Barbosa. **Processo civil e processo penal: Mão e contramão?** Revista dos Tribunais, 985/2017, 385-399, 2017

NABUCO, Joaquim. **Um Estadista Do Império** T.1. Rio de Janeiro: 1897.

PACILEO, Vincenzo. Pubblico Ministero: **Ruolo e Funzioni nel Processo Penale e Civile**. Torino: CENDON, Paolo, 2011.

PALUDO, Januário; DOS SANTOS LIMA, Carlos Fernando *et al.* **Forças-Tarefas: Direito Comparado e Legislação Aplicável**. Brasília: ESMPU, 2011.

PHIFER, James R. Law, Politics, and Violence: **The Treason Trials Act of 1696**. Albion, v. 12, n. 03, p. 235–256, 1980.

RÁO, V.; FARIA, A. B. D. C. A. S. A. D. O., P. de C. **Projeto do código de processo penal da república dos Estados Unidos do Brasil**. Disponível em: <http://www.revistas.usp.br/rfdusp/article/view/65837>. Acesso em: 9 set. 2019, 1938

ROBERTS, P. **Faces of justice adrift? Damaška's comparative method and the future of common law evidence.** In: Crime, procedure and evidence in comparative and international context: Essays in hounour of professor mirjan damaška. Portland: Hart Publishing, 2008

ROZENBERG, Joshua. **The Case for the Crown. The Inside Story of the Director of Public Prosecutions**. Wellingborough: 1987.

SCHECK, Barry; NEUFELD, Peter; DWYER, Jim. **Actual Innocence**. New York: Doubleday, 2000.

SKLANSKY, David Alan. **The nature and function of prosecutorial power**. Journal of Criminal Law and Criminology, Vol. 106, No. 3, 474-520, 2016

SODRÉ, Nelson Werneck. **Panorama Do Segundo Reinado**. Rio de Janeiro: Graphia, 1998.

SOUZA NETO, Claudio Pereira de. **A segurança pública na constituição federal de 1988: Conceituação constitucionalmente adequada, competências federativas e órgãos de execução das políticas**. Revista de Direito do Estado, v. 8, p. 19-73, 2007

STUNTZ, William J. **The Substantive Origins of Criminal Procedure**. The Yale Law Journal, v. 105, n. 2, p. 393, 1995.

TARUFFO, Michele. **Ensaios Sobre o Processo Civil: Escritos Sobre Processo E Justiça Civil**. Porto Alegre: Livraria do Advogado, 2017.

TEIXEIRA, Carlos Adérito. **Princípio da oportunidade: manifestações em sede processual penal e sua conformação jurídico-constitucional**. Coimbra: Almedina, 2006.

TRINDADE COSTA, Arthur; DOMINGUES VARGAS, Joana; RATTON, José Luiz; et al. **O inquérito policial no Brasil: uma pesquisa empíric**a. Rio de Janeiro: NECVU/IFCS/UFRJ; Booklink, 2010.

VELLASCO, I. D. A. **A lei da reforma de 1841 e seu impacto nos padrões de operatividade da justiça**. In: Neder, G. *História e direito: Jogos de encontro e transdisciplinariedade.* Rio de Janeiro: Editora Revan, 2007